洋洋兔童书
YoHare Children's Books

启航吧知识号

轻松读史记
诸侯世家

（西汉）司马迁 著　　洋洋兔 编绘

北京理工大学出版社
BEIJING INSTITUTE OF TECHNOLOGY PRESS

前言

《史记》是什么？很多小朋友会说：
"《史记》是一本关于古代历史的书，很厚很厚。"
"它是司马迁写的！"
"是我国历史上第一部纪传体通史！"

没错，《史记》是2000多年前由中国西汉史学家司马迁所写的史书，也是中国古代"二十四史"中最精彩的一部，是每个朝代都推崇的经典，是一部伟大的历史著作。

书中，司马迁用一个个人物故事讲述了**从上古传说中的黄帝到汉武帝元狩（shòu）元年**（公元前122年），共3000多年的历史。司马迁是第一个用人物故事的方式记录历史的史学家，这种**"纪传体"**后来被很多史书所采用。

《史记》全书包括12篇**"本纪"**（帝王的政绩），30篇**"世家"**（各诸侯和大家族的兴衰史），70篇**"列传"**（重要历史人物的事迹）。为了方便阅读，司马迁还把历史上发生的大事写成10个大事年**"表"**，另有记录历代制度的8篇**"书"**。一共130篇，50多万字。

因为司马迁做过汉代的太史令（官名），又被称为太史公，所以《史记》一开始被叫作《太史公书》。本来古代的史书都叫作"史记"，但因为这本《太史公书》太有代表性了，所以从三国时期开始，人们口中的"史记"便特指此书。

大文学家鲁迅先生曾夸赞《史记》是**"史家之绝唱，无韵之离骚"**，意思是"没有比这本更精彩的历史书了，甚至比得上古代大文学家屈原写的《离骚》"。

那么，这部伟大的作品里讲了什么呢？

里面有帝王的用人之术，将相的胜负、治国的智慧，英雄们的人生起伏。英国大哲学家培根曾说过："读史使人明智。"

　　让我们通过《史记》学习古人的处世哲学与智慧吧。你想知道我们的祖先是怎样生活的吗？古代的小孩子要不要上学读书呢？皇帝真的是高高在上吗？那时候的人是怎么打仗的？对于这些问题，司马迁都会用一种充满文采、生动有趣的方式告诉你。除此之外，司马迁还写了很多有意思的人，有为了治水十三年不回家的**大禹**、跟大王比力气被杀的**孟说**、临死前还想吃个熊掌的**楚成王**，有因为一碗羊汤就跟君主翻脸的**羊斟**，更有被爹妈取名为"黑屁股"的**晋成公**……这些人就像是戏台上的演员，尽心尽力地为我们表演一场又一场人生大戏。

　　《史记》中还总结出许多**名言佳句**，比如"大行不顾细谨，大礼不辞小让""桃李不言，下自成蹊""失之毫厘，差之千里""忠言逆耳利于行，良药苦口利于病""人固有一死，或重于泰山，或轻于鸿毛"等。这些都是历史的精华，包含了深刻的人生哲理，大家可以牢记于心，作为以后为人处世的准则。

嗯，嗯，我前前后后写了 13 年呢！

赶紧翻开这本书，让我们感受一下3000 多年波澜壮阔的中国历史吧！

[目录]

吴太伯世家

吴太伯是周朝王族，为成全父亲心愿与国家大计主动放弃王位，携弟仲雍远赴江南，融入当地百姓的生活中，创建了吴国。太伯以高尚的德行教化蛮夷，深受百姓爱戴，被誉为吴国始祖，尊称"吴太伯"。

司马迁将《吴太伯世家》写在《世家》部分的开头，主要歌颂吴太伯的"让国"，借此表达"天下为公"的思想。

延陵季札

本 名
➤ 季札

特 点
➤ 温文尔雅、忠诚守信、谦逊仁厚

成 就
➤ 与孔子齐名，被称为"南方第一圣人"

　　从吴太伯创立吴国开始，到吴王寿梦，历经十九代。吴王寿梦有四个儿子，长子叫诸樊，次子叫余祭，三子叫余眛，**四子叫季札**。季札的才德最高，吴王寿梦想让他继位，季札推辞说："**废长立幼，不利于国家的长治久安啊。**"寿梦只好立长子诸樊做继承人。

　　寿梦在位二十五年后去世，守孝期满，诸樊又要**把王位让给季札**。季札连连推辞："不可以啊！我听说曹宣公死后，大家都想立子臧代替即位的曹君，子臧为了遵守祖制选择离开。父亲既然让你继位，我也愿意**学习子臧严守节操**。"

诸樊　余祭　余眛　季札

可吴国的百姓也想要季札做他们的王，季札就**躲到乡野中去耕田**。诸樊临死时，要传位给他的二弟余祭，想用兄终弟及的方式，最后把王位传给季札，以实现先王寿梦的心愿。他们兄弟几个觉得季札品行好，也愿意把王位渐渐传给他。

季札当时的**封地在延陵**，所以被人称为**延陵季子**。由于季札很受各国的尊敬，吴王派他作为使节出访各国。有一次到达徐国，**徐君很喜欢他的宝剑**，但不好意思开口要。季札看出了徐君的心思，暗暗地承诺："这把长剑是我出使各国的信物，如果现在把它赠给徐君的话，任务就不好完成了……等我出使回来，一定将宝剑送给徐君。"

季札完成出使各国的任务后，再度来到徐国。但此时，徐君已经死了，于是季札就把自己的佩剑解下来，**挂在徐君坟前的树上**。随行的人问他："徐君已经去世了，您还留下佩剑来给谁呢？"季札回答说："当初我在心里已经许下这个承诺，即使他已经去世，也要履行自己的承诺啊！"

从余祭手中接过王位的余昧，去世前想传位给季札。季札推让，又逃走了。

先王的遗嘱是兄终弟及，一定要把王位传给季礼。

现在季礼逃走了，余昧死了，应该立余昧的儿子僚为王。

越王勾践世家

夏朝时，少康帝将儿子于越封在会稽，建立了越国。越国远离中原与世无争。但是到了春秋时期，他们与相邻的吴国爆发了一系列战事。被吴王夫差打败后，勾践靠着范蠡、文种等人辅佐，卧薪尝胆十年，忍辱负重，奋发图强，最后灭掉吴国，成为春秋时期最后一位霸主。

这个事件曲折精彩，司马迁将其记录在这篇世家中，广为流传。其中，越王勾践、吴王夫差、忠臣伍子胥和谋士范蠡的英雄形象都深入人心。

勾践
卧薪尝胆

本 名
▶ 鸠浅、菼执

特 点
▶ 忍辱负重、发愤图强

成 就
▶ 击败吴国，成为春秋五霸之一

　　春秋时期，吴国起兵伐越，越王勾践率军在檇（zuì）李（越国地名，在今浙江嘉兴西南）迎击吴军。吴王阖闾受伤后死于军中，**阖闾之子夫差**决定为父报仇，用了三年时间训练士兵，在机会成熟后，终于兴兵伐越。

　　越国军队被吴国军队打得丢盔弃甲，勾践领着**五千残兵逃到会稽山上**，被吴军团团围住。

勾践叹了口气，问范蠡："现在还剩下五千兵马，到这个地步该怎么办？"范蠡说："看来您只能放下身份，等待时机。先给吴王送厚礼求和，不行的话，**您就去给他当奴隶**。"勾践气愤地说："如果是这样，我不如现在就了结此生。"范蠡赶紧劝说："商汤被囚夏台，周文王被困在羑里，晋国重耳逃亡，齐国小白逃亡，但他们最终都称霸天下。我们今日的**困境何尝不是一种福分**呢？"

　　于是，勾践派大夫**文种**贿赂吴国太宰伯嚭（pǐ），想通过他向吴**国求和**，还说甘愿把自己的国家交给吴国管辖，越王自己也甘愿做吴王的奴隶。伯嚭劝说吴王："勾践看来是诚心归顺的，饶恕他，对咱们国家有利。"吴王想要答应。伍子胥站出来劝阻吴王："不行啊，大王！现在是灭掉越国的最佳时期，您不要被他们的甜言蜜语所迷惑。而且勾践这个人最能忍辱负重。文种和范蠡都是良臣，如果放了他们，您将来一定会后悔的！"

　　夫差没有听伍子胥的话，反而听从了伯嚭的建议，同意了越国的求和，和越国订立盟约后，撤兵回国了。

大王，越王知道错了，您就饶了他吧。

吴王夫差

伍子胥

文种

勾践在吴国做了几年奴仆后，靠着忍辱负重的表现骗过夫差，被放回越国。他唯恐眼前的安逸消磨了志气，便把一个苦胆吊在桌子旁，每次吃饭、喝水时都要尝尝它的苦味，借此提醒自己别忘了会稽的耻辱。

他亲身耕作，奖励生育，救济百姓，越国开始富强起来。过了几年，吴国北伐齐国，大胜。这时，勾践提议："吴军刚打完仗，应该很疲惫，咱们现在攻打吴国怎么样？"文种说："我们先假装向吴国借粮，看看吴国对咱们是否有防备再说。"吴王不听伍子胥的劝告，把粮借给了越国。

伍子胥私底下对人说："大王若不听我的劝告，三年后，吴国将成废墟！"太宰伯嚭听到了伍子胥的埋怨，在吴王面前挑拨煽动说："伍子胥已经怨恨您了，听说他还把儿子送到了齐国，是随时打算谋反啊！"吴王大怒，**派人给伍子胥送去一把剑让他自杀**。伍子胥临死前含泪说："我辅佐您父亲称霸，又拥立你为王，你竟要杀我！我死后，把我的眼睛放在城门上，我要亲眼看着越国攻吴。"

你可以去死了！

果不其然，几年后，吴王夫差带领全国精锐北上参加会盟，以便正式称霸诸侯。勾践趁吴都兵力薄弱，派精锐部队攻入都城，把吴国太子杀了。但是，以越国目前的实力难以灭吴，他答应夫差的求和。

四年后，越国又多次攻打吴国，**最后将吴王夫差围困在姑苏山**。夫差派公孙雄赤膊跪行去求和，勾践心软想答应，被范蠡阻拦。范蠡擂鼓进兵，高声宣布说："吴国使者赶快回去，不然就对你不客气了。"吴国使者只好流着眼泪离去。勾践觉得他太可怜了，又派人去对夫差说，可以把他安置到甬东，统治一百家。夫差见此情景，知道大势已去，便拔剑自刎了。

勾践灭了强吴，威震中原，之后会盟诸侯，号称**霸王**。

越王勾践剑和吴王夫差矛

早在五千多年前的尧舜时代，我国就开始铸造青铜器。青铜器用红铜和锡混合的合金制成，刚刚制成时为漂亮的金黄色，生锈后就变成了青绿色。我国出土的青铜器因为工艺精湛、造型精美而享誉世界。

古人制作的青铜器被大范围应用于生产和生活中。其中比较常见的就是鼎和爵（喝酒用的器皿）了。

鼎

爵

同时，青铜工艺也被用来制作兵器，在我国就先后出土了越王勾践剑、吴王夫差矛。

吴王夫差矛

越王勾践剑

越王勾践剑发现于湖北，因为采用了一种镀铬的工艺，历经千年而不锈，刀锋依然锋利无比。剑身的花纹中因为含有硫至今也清晰可见。另外，剑上还刻有"钺王鸠浅，自乍用镐"的字样，代表"越王勾践，自作用剑"的意思。

吴王夫差矛同样出土于湖北，保存的精良程度与越王勾践剑相当。

齐太公世家

　　姜子牙辅佐周文王建立了周朝，受封于齐，建立齐国。后在齐桓公的统治下，齐国一度成为春秋霸主，但又在内部斗争中逐渐衰落。齐国在姜子牙创立后，历经二十八世，共六百余年，后被田姓家族取代。

　　其中的故事都被记述在《齐太公世家》中。

太公吕尚

本名
➤ 姜尚，字子牙

特点
➤ 深思熟虑、智勇双全、运筹帷幄

成就
➤ 辅佐周室灭商，建立齐国

吕尚

吕尚是东海人，本姓姜，**因先祖曾被封于吕地，又称为吕尚。**他在年老的时候来到周地。

有一天，**西伯侯姬昌**出外打猎，在渭河遇见吕尚在钓鱼，仔细一看，竟发现吕尚用的是直钩！姬昌笑着说："老先生，您这样是钓不到鱼的。"吕尚却说："**老夫钓鱼，一向是愿者上钩。**"经过攀谈，姬昌发现他谈吐不凡，正是先君太公所期盼、助周建立大业的人，于是称他为**"太公望"**，与他同车而归，拜为太师。

姜子牙

　　后来，**姬昌被囚禁在羑里**，吕尚与其他人一起，广求天下美女珍宝用以贿赂商纣王，最后把姬昌救了出来。姬昌回国后，与吕尚暗中谋划如何**推行德政以推翻商纣王的统治**。吕尚广出妙计，为周制定了一系列经济、政治、军事策略。在吕尚的谋划下，周比以前更强大了，天下三分之二的诸侯都归心向周。

　　姬昌死后，**吕尚继续辅佐他的儿子姬发**，被尊为"**师尚父**"。在吕尚的协助下，姬发出兵伐纣，建立周朝，之后将**吕尚封在齐国营丘**。吕尚前往齐地时，一路上边走边看，累了就投宿客栈。店家说："您走得如此悠哉，一定不是前往封国就封的人。"吕尚听了这番话，心想：店家说得对，大事不容懈怠。我得日夜兼程，尽快赶到齐地才行。于是，他半夜穿衣上路，在天亮时到达封国。

　　吕尚制止了齐地周边小国的侵扰，修明政治，顺应民俗，简化礼仪，发展工商业，使齐国成为大国。据说**吕尚活了一百多岁**。

快！黎明前赶到封地！

姜子牙靠它一战成名

周武王姬发伐纣灭商的大战是中国历史上以少胜多、先发制人的著名战役——牧野之战。《诗经·大雅》中描述了姜子牙在牧野之战的风采，"维师尚父，时维鹰扬。"尚父姜太公就像展翅高飞的雄鹰，他指挥兵车三百辆、士卒四万五千人、虎贲（bēn）三千名，进伐商纣。

"虎贲"一词最早的记录便是出现在这里，形容周武王麾下的战士如猛虎般英勇、强悍。此后，虎贲就成了古代军队中对最勇猛战士的一种称呼。后来，其也成为皇帝赐予诸侯最高礼遇的一种。

虎贲军所使用的武器为戟和铩（shā）

矛 + 戈 = 戟

两手抓两手都要硬！

铩

戟："戈""矛"一体的武器，既能穿刺，也能横斩，有"十"字和"卜"字两种造型。

铩：一种长刃矛，但是它在茎柄和刀刃间加上了两端上翘用于格挡的镡（xín）。

戟

聪慧的
公子小白

本　名

➤ 姜小白

特　点

➤ 雄才大略，励精图治

成　就

➤ 春秋时期的第一个霸主

　　齐桓公是吕尚的第十二代孙，姓姜，名小白。桓公元年（公元前685 年），杀兄篡位、掌管齐国的姜无知外出游玩时被杀，需要另立其他公子为国君，但其他公子都因在襄公时期不满朝政而逃亡在外。公子纠流亡鲁国，管仲和召忽随行；公子小白流亡莒（jǔ）国，鲍叔牙随行。

　　两位公子听说立君之事后，都急忙赶回齐国。公子纠由鲁国护送。为了拦截公子小白，鲁国国君劝说公子纠派管仲带兵去截杀公子小白。

结果，**管仲一箭射中了小白的衣带钩，小白趁势倒下装死**。管仲信以为真，回报给鲁国。鲁国送公子纠的队伍因此而放慢了速度，六天后才到达齐国。此时，小白早已进城，捷足先登，即位为君，这就**是春秋时期的第一位霸主——齐桓公**。

齐桓公即位后的第一件事就是派兵抵御鲁军。见鲁军战败，又被齐军切断了退路，齐桓公便给鲁国国君写信："公子纠罪不可赦，但他是我兄弟，我不忍杀他，请鲁国把他杀了。管仲、召忽是我的仇人，请将他们送回，我要亲手把他们剁成肉酱，不照做，我派兵灭了你们！"鲁国国君害怕齐国，赶紧将公子纠杀死，召忽自杀，只有管仲甘心被囚。

其实，齐桓公的本意是想杀了管仲，报那一箭之仇，但被鲍叔牙阻拦："大王等等，我只是有能力帮您当上国君，但如果您想当霸主一定要有管仲辅佐。他是个能让国家强大的人才啊！"

于是，齐桓公听从鲍叔牙的建议，以报仇雪恨的名义召回管仲，实际上是想任用他。管仲心里明白，所以请求将自己遣送回国。鲍叔牙迎着鲁使，接收了管仲。回去后，齐桓公以礼相待，**封管仲为大夫，让他管理齐国政事**。

齐桓公得到管仲后，与鲍叔牙等一众大臣改善齐国政治，实行以五家为单位的兵役制度，开发商业、盐业及渔业优势，赈济贫民，奖励贤能之士。在管仲与鲍叔牙的辅佐下，齐国逐渐强大起来。

称霸诸侯的小白

桓公五年(公元前681年)，齐国再次伐鲁，鲁国大败，献地求和。等到两国订立盟约时，**鲁将曹沫突然跳上坛台**，用匕首劫持了齐桓公，对他说："我要你归还鲁国的土地！不然我和你同归于尽！"齐桓公迫不得已答应了。

过后，**齐桓公想反悔**，不想退回土地，还想杀了曹沫。管仲劝他："万不可因一时之快，背弃承诺，那样会在诸侯中失去信义，失去天下人的支持。"于是，齐桓公把应诺的土地归还鲁国，鲁国心悦诚服。各国诸侯听说后，**佩服齐桓公信守承诺，愿意归附齐国**。两年后，各国诸侯与齐桓公在甄(zhēn)地盟会，**齐桓公从此成为天下诸侯的霸主**。

恭喜大王！
贺喜大王！

桓公二十三年（公元前663年），山戎大举入侵燕国。齐桓公派兵救燕，讨伐山戎，杀到孤竹后才班师回朝。燕庄公十分感激，给齐桓公送行，不知不觉走进齐国的国界。齐桓公说："**按照礼节，除了天子，诸侯之间相送不出自己国境。我怎么能对燕王无礼呢？**"于是，他让人把界碑搬到燕君所站之处，将此处的齐国领土送给燕国，还让燕国按照召公的政策恢复向周王室纳贡。诸侯们听说这件事后，都愿意臣服齐国。

桓公二十九年（公元前657年），齐桓公与夫人蔡姬乘船游玩。蔡姬故意摇晃船只，怎样劝阻也不听，齐桓公一怒之下把她送回蔡国，但又不和她断绝婚姻关系。蔡国对此很愤怒，干脆把蔡氏嫁给了别人。齐桓公知道后怒不可遏，就**兴兵伐蔡，蔡国大败。**

此时，南方的楚国强盛起来，兼并了许多小国。因此，齐桓公借机伐楚。楚成王起兵迎敌，问他为什么入侵楚国，管仲回答："周天子赋予我国征伐不服从的诸侯的权利，你楚国特产的包茅三年没进献，导致天子无法过滤美酒，祭祀用品不全，因此来督责。以前天子周昭王南征不归死在南方，也是你们的罪过！"楚成王觉得这是在鸡蛋里挑骨头，回答："贡品没有进献，确实如此，这是寡人的罪过，今后不敢不奉上。昭王溺水而亡，并不是在我楚国领土上，请您到汉水边上找人去问罪。"

齐国继续前进，楚成王派大将屈完率兵抗齐，齐桓公向他炫耀齐国的武力。屈完说："**合于正义才能胜利**。如果非要逆天而行，楚国就以方城山为城墙，以长江、汉江为护城河与齐抗争，您有胜算吗？"齐桓公想了想，觉得没有必胜的把握，与楚国订立完盟约就回去了。

之后，**齐桓公又四处征讨不服从周室的诸侯**，并于桓公三十五年（公元前651年）在葵丘召集诸侯盟会。当时周室衰微，只有**齐国、楚国、秦国、晋国四国强盛**。晋国国内动乱，秦国地势偏僻，楚国以夷狄自居，都不参加会盟。只有齐国在中原主持会盟，**齐桓公的行动令诸侯们心悦诚服**，所以他想去**泰山封禅祭天**，被管仲极力劝阻后，才作罢。

帝王向往的"封禅"

古人崇拜自然，敬畏天神，所以经常举行各式各样的祭奠来向天地祷告，而其中的"封禅"又是十分特别的一种。

自古以来，人们便认为泰山的山顶是离天最近的地方。"封"代表"祭天"，"禅"代表"祭地"。在离天最近的地方祭拜天地，这是向世人展现自己是天选之人的最好证明。秦始皇、汉武帝、唐高宗、唐玄宗等几位帝王都曾举行过封禅仪式。

秦始皇封禅之前找来众多儒家弟子商议其中的礼节，他们提出的要求千奇百怪，有些还自相矛盾，甚至还有人让秦始皇用草包起车轮，以免伤到路上的花花草草。嫌麻烦的秦始皇最后并没有听取他们的意见，直接乘车到山顶举行了仪式。

汉武帝封禅也找来儒生方士商讨礼仪，结果他们提出的意见各不相同。最后，汉武帝自己制定了一套计划，完成了封禅大典。

那么，举行封禅需要哪些条件呢？

■ 首先是统一盛世，向天地报告自己确实为天选之人，自然需要有号令诸侯的能力。这样的大典对人力财力也是不小的考验。

梦中登泰山，无人能挡！

唐太宗曾想封禅，可是大臣谏言天下初定，不应劳民伤财，于是他只能放弃。晚年又用兵打仗、治理洪灾，封禅成了他未了的梦想。

■ 其次是要有祥瑞之兆。老天要是不给面子，再有想法也不敢触天神的霉头啊。

宋太宗也曾想封禅，谁知在大典之前忽然雷雨交加，闪电劈在宫内引燃了两座宫殿。见到如此大凶之兆，宋太宗只能放弃了。

再不放弃就要挨劈了呀！

　　齐地西起泰山，东连琅琊，北至大海，其间沃土两千里，百姓心胸阔达而又深沉多智。由于太公的圣明，建立了齐国的根基；由于桓公的盛德和善政，召集了诸侯会盟，成为霸主。这不是顺理成章的吗？广盛博大呀，确是大国风貌啊！

田敬仲完世家

陈国贵族陈完逃到齐国发展，改姓田。掌管齐国的姜姓一族在内斗中逐渐衰败，最后被田氏取代，从此姜齐变为田齐。田齐在齐威王时期迎来强盛，在齐湣 (mǐn) 王时期险些灭亡。战国末期，齐王建看大势已去，便向秦国投降。齐国就此灭亡。

这篇传记记录了田氏齐国从建立到灭亡的故事，前半部分重点讲述了田氏逐渐掌握齐国的过程，而后半部分则以齐威王等人物为重点，讲述了齐国历史。

田氏代齐

本　名
> 田乞

特　点
> 巧于心计、政治嗅觉敏锐

成　就
> 掌握齐国实权

公元前 672 年，陈国公子陈完因为国内动乱逃到齐国，改姓田。陈完死后，谥号为"敬仲"。敬仲的孙子田文子在齐庄公的驾前做臣子。田文子死后，他的儿子田无宇很受齐庄公的喜爱。

齐景公在位时，田无宇的儿子田乞做了齐国大夫。田乞向百姓征收赋税的时候，用小斗收进；借给百姓粮食的时候，用大斗放出，暗中争取民心。于是，"齐之民归之如流水"，田氏势力大增，齐国的百姓都感谢田氏的恩德。晏婴为此多次劝谏齐景公，但齐景公不听。

齐景公死后，公子荼 (tú) 当了国君。田乞很不高兴，因为他与齐景公的另一个儿子阳生关系密切，想立阳生当国君。于是，田乞假意讨好大臣高昭子与国惠子。每当他们乘车上朝的时候，田乞都坐在他们的车上，借机进言。

田乞对高昭子、国惠子说："当初大夫们都不想立公子荼。公子荼即位，二位任国相后，大夫们人人自危，商量着要作乱。"接着，田乞又去挑动那些大夫们说："高昭子太可怕了！我们必须趁他还没动手先发制人。"于是，田乞和大夫们发动政变，赶走了国、高二氏。

田乞暗中把逃亡鲁国的阳生接回齐国，藏在家中，并宴请各位大臣。田乞事先将阳生装在一个口袋里，放在座席中间。酒酣耳热之际，田乞突然打开口袋放出阳生，对大家说："这就是咱齐国的国君。"

都是景公的儿子，都可以！

鲍牧

田乞顺势说："立阳生为君是我和鲍牧的主意。"鲍牧生气地说："胡说！你们难道忘了景公的遗命了吗？"大夫们又想反悔。这时，阳生向大家叩头说："如果你们认为可以立我为君就立，如果认为不行，就算了。"鲍牧害怕不拥立阳生，自己会遭殃，于是又改口说："都是景公的儿子，有什么不可以的呢？"

摆设

众大臣就在田乞家立阳生为齐君，就是齐悼公。齐悼公即位后，田乞任相，独掌齐国大权。田乞死后，其子田常继承了父亲的相位，继续用大斗出小斗进的办法争取民心。

后来田常发动政变，杀了齐简公姜壬(rén)，另立齐平公姜骜(áo)，独揽大权。此时，田氏的土地比国君的土地还要多。之后，田氏子孙不断地扩大自家在齐国的势力。

田和为相国时，将齐康公放逐到海滨，自己成为齐国实际上的国君。公元前386年，周天子批准田和成为诸侯，即齐太公。

中国古代的"度量衡"

在古代人们的生活中，随着交流和交换的发展逐渐诞生了各式各样的计量单位，这些单位统称为"度量衡"。"度"代表长度单位，如尺、丈、寻、常等；"量"代表容量单位，如升、斗、斛、釜等；"衡"代表重量单位，如铢、两、斤、钧等。

在早期，这些单位极不准确，如掬（jū）指的是人双手合拢可以盛的量。

这是闹着玩呢？

各个地区之间即使单位相同，在计量工具上也存在很大的差异。光是秦国在商鞅变法之前，各地的计量用具也是有很大差异的。在变法之后改由官府统一制作、分发，才统一了全国的计量用具。后来，秦始皇建立秦朝后，也不忘统一度量衡。

赏罚分明

本　名
▶ 田因齐

特　点
▶ 赏罚分明、勇于改过、从谏如流、开朗有为

成　就
▶ 确立了齐国的霸主地位

齐威王是田齐的第四代国君，他即位以来，不理政事，将国事都交给了卿大夫去处理。各国诸侯得知齐威王是昏庸之辈，都来讨伐，九年间，齐国百姓不得安宁。

你不错！

齐威王九年（公元前347年），齐威王召见即墨大夫，对他说："您治理即墨以来，说您的坏话每天都有，可是我派人到即墨视察，见田野开垦，百姓生活富足，官府没有积压公事，齐国的东方变得安定。而您却受到了诋毁！这是由于您不会逢迎我身边的人啊！"齐威王说完，赏即墨大夫一万户食邑，以示奖励。

即墨大夫

然后，齐威王又**召见阿城大夫**，对他说："自从你治理阿城，赞扬你的话每天都能听到。可我派人视察阿城，只见田野荒废，百姓生活困苦。赵军进攻附近的甄城，你未能援救；卫国夺取薛陵，你也不知道。你这是贿赂我的左右求来的赞扬吧！"当天，他就将阿城大夫和自己身边那些称赞阿大夫的人都煮了。

　　齐威王随即发兵进攻赵、魏两国。魏国献城求和，赵国也归还了齐国的长城。齐国的官吏也都警醒起来，再也不敢说虚夸的话，事竭力尽忠，**齐国得到大治**。此后，其他国家再也不敢小瞧齐国，有二十余年不敢对齐用兵。

孔子世家

孔子，名丘，字仲尼，春秋时期鲁国人，著名思想家、教育家。他曾向老子求学，游历各国十四年，教书育人，他的思想传遍中原大地。他流传后世的故事众多，他的一言一行成为后世学习的典范。《史记》记录了孔子不平凡的一生。

孔子是唯一一位不是王侯，却被写入"世家"的人。

景公问政

本 名
> 孔丘，字仲尼

特 点
> 德高望重、学识渊博

结 局
> 创立儒家学派

孔子生于鲁国陬(zōu)邑（今山东曲阜东南），祖先是宋国人，因避祸来到鲁国。孔子的父亲叫叔梁纥(hé)，他年老时娶颜姓少女为妻，在尼丘山祈祷后生下孔子。因此取名为丘，字仲尼，姓孔。

孔子三岁丧父，由母亲抚养长大，十七岁时，有人向他学礼。成年后，为了谋生，家境贫寒的孔子到季孙家门下为官，先后**担任管理仓库的"委吏"和管理牛羊的"乘田"**。孔子工作做得非常细心，出纳钱粮算得清清楚楚，场中牲口也越养越多。后来，在学生南宫敬叔的帮助下，孔子得以入周都，拜见老子，学习礼仪。从周都回鲁国后，孔子门下的学生渐渐增多。

孔子三十岁的时候，**齐景公和晏婴来到鲁国**，向孔子问政："请问先生，过去秦国又小又远，秦穆公为什么还能称霸诸侯呢？"孔子回答说："秦国虽小，但秦穆公志向大；地处偏僻，但秦穆公施政得当，处事公正。秦穆公任用贤能，以五张羊皮赎回百里奚，并提拔他为大夫，把国家交给他来治理。就凭这些，即使统治整个天下都可以啊，称霸这个目标小了点。"

五年后，**孔子因鲁国内乱而奔齐**。第二年，齐景公召见孔子，再次向他问政，这次孔子说："国君要像国君，臣要像臣，父要像父，子要像子。若能如此，可谓政治清明。"齐景公想重用孔子，却遭到相国晏婴的极力反对："**凡儒生皆傲慢成性，法度难约，不宜做臣下啊。**"

这以后，齐景公再见到孔子时，便不再问政了。而后，齐国的大夫们嫉恨孔子，**孔子心生去意**。这时，齐景公也对孔子说："我已经老了，不能再任用您了。"于是，孔子**离开齐国，回到家乡鲁国**。

鲁国为相

　　当时，鲁国大权落于季孙氏手中，而季孙氏又受制于家臣阳虎。在这种情况下，孔子回家后专心**整理《诗》《书》《礼》《乐》**这些典籍。此后，他的学生越来越多，有的来自很远的地方，向他求教。

　　鲁定公九年（公元前501年），阳虎被逐，五十一岁的孔子被任命为中都宰，治理中都一年卓有政绩，各地纷纷效仿。一年后，他升任司空，后来又做了大司寇。

　　鲁定公十年（公元前500年），齐鲁两国和解，定下夹谷（今山东莱芜）之会，孔子负责会晤典礼事宜。**齐国演奏四方各族的乐舞助兴**，一群武士拿着各种兵器，大呼小叫拥上台，孔子大声呵斥："我们是为了两国和好而来，为什么让野蛮人拿着刀枪棍棒出来？这太不像话了！"

齐景公大怒，知道自己在道义上敌不住孔子，回去对他的群臣说："看你们出的馊主意，丢了面子又得罪了鲁君，怎么办啊？"大臣上前说："如果您过意不去，最好来点实际表现。"于是，**齐国退还了先前强占鲁国的土地**，以此来表示歉意。

后来，孔子为加强公室，**提出"堕三都"的计划**："为保君威，臣觉得臣下的家中不得私藏武器，大夫的封邑不能筑起高一丈、长三百丈的城墙。"并让做了季孙氏家臣的子路去执行，只有孟孙氏严防死守，没有拆除城墙。

鲁定公十四年（公元前496年），五十六岁的孔子**代理国相职务**。有了孔子执政，鲁国的国力不断增强，这**引起了齐国恐慌**："孔子在鲁国执政，鲁国一定会强大而称霸，我们离它最近，到时候被吞并的，首先是我齐国。"于是，齐国挑选了八十位美女，一百二十四宝马用来笼络鲁君和鲁国权臣季孙氏，令朝政日渐衰败。孔子见状，便离开了。

周游列国

年近六十岁的孔子为推行仁道，**带着弟子周游列国。** 他辗转于各诸侯国之间，处处碰壁。

孔子来到卫国后，**卫灵公和夫人坐第一辆车，** 让孔子坐在第二辆车里，一群人招摇过市，孔子感到羞耻："**爱慕德行胜于美色的人，我从未见过啊。**"说完便离开卫国了。

唉！爱慕德行胜于美色的人，我从未见过啊。

卫灵公

孔子来到宋国后，司马桓讨厌孔子，要杀他。孔子只好又离开了宋国。有人催他快点走，孔子就说："老天爷已经把传道的使命赋予了我，他又能把我怎么样？"

孔子来到郑国后，有人说他像丧家之犬。孔子一笑而过："那可真是对极了！"

六十三岁的**孔子游历到陈、蔡之间时，正赶上战乱**。楚国听说孔子在这里，要派人把他接走。陈、蔡两国大夫商量道："孔丘是个大贤人，如果他在楚国掌权，肯定会对咱们不利。"

　　他们就派兵把孔子围困在郊野上。孔子和弟子们断粮七天，几乎饿死。但孔子还在那里给大家讲学、唱歌、弹琴。学生子路忍不住对他发火："你整天让我们当君子，君子就该受穷，就该挨饿吗？"孔子劝说道："在困境中，君子能坚持节操不动摇；**小人面对困窘就不加节制，什么过火的事情都做得出来**。"

　　孔子知道弟子们心中不满，就和他们谈心："你们说，落到这个地步，**是因为我们的主张不正确吗？**"

　　子路说："也许是我们的主张不够仁德，我们还不够智慧，所以人家都不肯接受我们的主张。"

　　孔子生气地说："照你这么说，伯夷和叔齐不够仁德吗？他们却饿死在首阳山上；忠臣比干不够智慧吗？他却被纣王挖心而死。不是所有的仁和智都能被人接受施行的。"

子贡说："是您的主张太伟大了，一般人都做不到。只要降低些标准就好了。"孔子更气恼了："优秀的农夫虽善于耕作，但不一定年年都有好收成，难道他就该为此放弃精耕细作？**因为别人做不到，就降低自己的要求，你的境界也太低了吧！**"

颜回说："老师的主张太伟大了，一般人都无法做到。做不到是他们的耻辱；而**不能坚持自己的主张，就是我们的耻辱了。**"孔子很满意，称赞颜回品格高尚。最后，孔子派子贡向楚昭王求援，才逃过这一劫。

楚昭王很器重孔子，想给他封地，此举却遭到令尹子西的极力反对："不可呀！大王派往各国的外交大臣，有像子贡这样称职的吗？您的宰相有像颜回那样贤能的吗？将帅有像子路那样英勇的吗？主事官员有像宰予那样干练的吗？"楚昭王摇了摇头。

尹子西接着说："当初楚国的祖先在周朝只被封为子爵，封地只有五十里。孔丘那样的圣人，又有许多贤能的弟子辅佐，他若有了百里土地，几代之后楚国还能存在吗？"楚昭王于是打消了这个念头。孔子又被冷落在旁。

鲁哀公十一年（公元前484年），齐鲁大战，孔子的弟子**冉有指挥鲁军取得了大胜**，鲁君很高兴，想见见孔子。六十八岁的孔子终于回到阔别十四年的鲁国，虽然备受尊重，却没被重用。

冉有

孔子便致力于整理古籍和继续从事教育工作，留下了被后人尊为六经的《诗》《书》《礼》《易》《乐》《春秋》六部光辉巨著。孔子的言行被弟子们记录下来，**编成《论语》**。他教过的弟子有三千余人，其中精通六艺的有七十二名。

鲁哀公十六年（公元前479年），圣人孔子去世，享年七十三岁，葬于鲁城北。

　　自古以来的君王、贤人也算不少，他们活着时荣耀万分，可一死就什么也没有了。而孔子只是一介平民，名声和学说却传了十几代，读书人至今仍尊他为宗师。上自天子，下至王侯，天下谈论六艺的人，无不以他的学说为最高标准。孔子真可谓是至高无上的圣人啊！

知识驿站

中国古代的学校

早在西周时期，我国就建立了最早的国立学校，一种是国学；另一种是乡学。

国学以培养贵族子弟为主，他们八到十五岁时上小学，学习"礼、乐、射、御、书、数"这六门课，即"六艺"。到了十五岁，他们就可以进入大学学习《诗》《书》《礼》《易》《乐》《春秋》等了。

礼

礼，就是学习礼貌和礼节。在注重礼节的古代，从待人接物到生老病死，举行祭奠都有其规定的礼节，这些是生活必备的重要知识。

数，就是学习计数和算数。中国古代的孩子就开始系统学习数学了。

今天把九九乘法表写五十遍。

真枯燥。

数

御

御，就是学习如何驾驶车马。在交通工具缺乏的古代，这也是很必要的技能。

乡学则是各行政区域内设立的学校，主要面向地方家境不错的孩子，课程只涵盖到国学的小学部分，有点类似现在中小学的义务教育阶段。

随着春秋战国时期文化的发展，非国家设立的"私学"也逐渐出现。孔子和墨子就是其中的代表。和国家设立的学校不同，私学在课程方面更加自由，诸如孔子、孟子这样的思想家也借助私学，将自己的思想传播出去。

到了战国时期，齐国还出现了由国家设立，私人讲学的"稷(jì)下学宫"，让人们讨论学习各种思想和政治理念。

宋微子世家

宋国起源于商朝，商纣王的哥哥宋微子宅心仁厚，并没有跟随商纣作乱，后来被周公封在商丘一带，并建立了宋国。宋国最初以礼义治国，前后经历了三十二位君王的统治，国力在宋襄公时期达到最强，成为春秋五霸之一，到宋偃执政时被齐、楚、魏三国联合伐灭。

这篇传记主要围绕宋国始祖宋微子、追求仁义的宋襄公、宋国四朝武将华元、夺兄王位的宋偃来讲述了宋国的兴亡史。

开国始祖 宋微子

本　名
➤ 子启

特　点
➤ 品行端正、深明大义

结　局
➤ 成为宋国开国君主

微子是商纣王的长兄。商纣王不务国政，昏庸残暴。微子多次进谏，纣王都不听。后来，武王伐纣，商朝灭亡。微子露出臂膀，缚手于背，跪着前行，求告周武王。周武王给微子解开绳索，恢复他原来的爵位，以示宽怀。

周武王死后，纣王之子武庚叛乱，被周公平叛。周公认为微子没有参与叛乱，是真心归顺周朝。于是命微子代替武庚，作为商朝的后裔，把商朝旧都商丘一带封给微子，定国号为宋。

商朝的箕子、微子、比干被称为"殷之三仁"，微子没有对商纣王愚忠，而是以天下苍生为重，深受百姓爱戴，所以在商、周两个朝代都获得了很高的地位。

仁义宋襄公

本　名
➤ 子兹甫

特　点
➤ 仁义过甚、志大才疏、刚愎自用、固执己见

结　局
➤ 位列春秋五霸之一

宋襄公是宋国的第二十任国君。

有一年春天，宋襄公在鹿上召集诸侯会盟，想顶替齐桓公做下一任霸主，请楚国出面邀请诸侯。公子夷劝谏宋襄公："咱们小国争做盟主会招来大祸的呀！"宋襄公不听。果然，在此次盟会上，楚国扣押了宋襄公，然后讨伐宋国。

直到冬天，诸侯在亳地会盟。楚国实力雄厚，楚成王要当盟主，没人敢有意见，楚国才放了宋襄公。宋襄公回国后很生气，知道自己打不过楚国，就出兵讨伐跟在楚国后面拍马屁的郑国，结果楚国出兵救郑，直接杀向宋国。

回救的宋军与楚军隔着泓水对峙。楚军渡河的时候，公子夷对宋襄公说："敌众我寡，等他们还未渡完河时我们杀过去，定能取胜。"宋襄

公觉得偷袭不仁义，没有听。楚军渡河之后，在河岸上布阵。公子夷又说："趁他们忙着布阵，我们打过去，还可以取胜！"宋襄公说："这样不仁义，等他们布好阵再打。"结果宋军大败，宋襄公还被射伤了大腿。

别人可不跟你讲仁义！

子鱼

宋国人埋怨宋襄公。宋襄公不以为然："君子不在险境让人困窘，要讲仁义。"大臣子鱼听不下去了，说："两国打仗，战胜才是硬道理，都像您这样讲仁义，直接投降算了。"

不久，宋襄公因腿伤过重而亡。虽然急功近利导致了他的失败，但讲信用和宽以待人却使他位列春秋五霸之一。

仁义礼智信

"仁、义、礼、智、信"被称为儒家"五常"。春秋时期由孔子最先提出了"仁""义""礼",战国时期孟子延伸出了"智",到西汉时期董仲舒加入了"信"。这"五常"也是贯穿中国几千年文化的中心思想。

"仁"指人们之间要互相关爱。

战国时期,齐国的孟尝君待人友善、广纳贤士。在他的门客中有一个叫冯谖(xuān)的人,终日抱怨自己的待遇不好。孟尝君不但没有冷落他,还满足了他各种各样的要求。最后,冯谖多次为孟尝君出谋划策,解决了很多问题。

"义"是做合乎情理、正确的事。

张仪早年与苏秦一同学习,后来去赵国投奔苏秦,但是苏秦却当众羞辱他。一气之下,张仪转投秦国。

我一定不攻打赵国!

偷偷安排,别被人发现。

其实,苏秦是为了激励张仪才让他离开赵国的,并且暗中帮助他见到秦惠王。张仪得知此事后,便许诺苏秦在赵之时,绝不让秦国攻打赵国。

"礼"是尊敬的态度和礼节。如果说"仁"是内心，"礼"就是表现。

赵国的蔺相如因为才识过人而深受别人敬佩，而赵国的大将军廉颇却认为蔺相如"完璧归赵"的口才远不如自己的武勇，不愿与之相见。蔺相如以国家安危为重，让自己的马车避开廉颇的马车走小路。廉颇知道后，后悔不已，特意背着荆条去请罪。从此，两人消除了隔阂，一起保卫赵国。

"智"是正确认识事物、思考问题的能力。

战国时，魏国攻打赵国都城邯郸，赵国请求齐国救援，齐王便让田忌、孙膑带兵前往。田忌主张直接前往邯郸，孙膑建议攻打魏国，等魏国军队回撤时以逸待劳将其歼灭。果然魏军慌忙撤退，疲惫行军中被齐军大败。孙膑抓住事物本质、转换思维角度的能力令人敬佩。

围魏救赵

取信于民

好，赏他五十金！

"信"指的是诚实守信。

商鞅在秦国推行变法的时候将一根三丈长的木头放在集市上，告知众人：谁把这根木头搬到北门就赏十金。

但是没有人相信，等了许久也没有人搬。后来，商鞅把奖赏提高到五十金，便有人去搬木头了，然后真的得到了五十金。因为这件事商鞅取信于民，他的变法也很顺利地推行开了，让秦国成为强国。

华元弭兵

宋文公时期，**宋军有个统帅叫华元**。当时，宋国与楚国有世仇，所以当楚国使者经过宋国的时候，被宋国扣押了。

楚庄公得知后很生气，出兵包围宋国都城长达五个月之久。此时的宋国形势危急，城内的粮草快用完了。大将**华元夜闯楚营，私下会见楚国将领子反**。子反把情况报告给了楚庄公。

我带你见大王！

华元

子反

楚庄公问子反："商丘城现在怎么样？"子反回答："现在宋国城中已经有人**用人骨当柴火**，交换孩子来吃，悲惨极了。"

楚庄公心想：小小的宋国还有不骗人的华将军，难道我们楚国就没有说真话的君子了吗？于是他叹息道："唉，这是真话啊！实话告诉你，**楚军也只剩两天的口粮了**。"就这样，因为讲求信义，两国罢兵和好。

当时，**晋、楚两个大国纷争不断，国小力弱的宋国夹在中间**，华元就想办法摆脱这种处境。正好他和楚将子重、晋将栾书的关系都很好。经过华元的调解，晋、楚两国在宋国西门外签订和约，约定停止相互攻伐，于是宋国得以安宁。

楚世家

商周时期，楚人祖先搬迁到中原南方，因为没有参与讨伐纣王，即使拥有大片土地，却没成为国家。直到周天子封熊绎为子爵时，楚国才算建国。

楚国幅员辽阔、民风强悍，从此一路发展，楚武王熊通干脆自封为王，成为第一位以"王"自称的诸侯。这篇传记是时间跨度最大的"世家"，记录了楚国的兴衰。

南方——巨熊崛起

楚人是颛顼帝高阳的后代。**颛顼的子孙重黎、吴回两兄弟在帝喾（kù）时期任"火正"之官**，掌管天下之火，被尊称为祝融。商朝末年，楚人首领鬻（yù）熊不堪商纣王的欺压，率部弃商投周，**以弟子之礼事奉周文王**。所以，楚人奉颛顼帝为先祖，奉祝融为远祖，奉鬻熊为始祖。

周朝初年，武王征召各族去讨伐商纣王。楚族弱小，经不起这样的折腾，**鬻熊之子熊丽便率部南迁**。从此，楚人在南方开疆拓土。因**没参加武王伐纣**，楚人的首领一直不受周朝重视，也没被赐封爵位。

吴回

鬻熊

周文王

后来，周成王选拔文王、武王时期的功臣后人，**封楚为诸侯国**。他又赐封熊丽的孙子熊绎子男爵位，封地在南方蛮荒之地，姓芈，住在丹阳。其实，楚国那时拥有的地盘已经非常大了。

熊通称王

本 名
➤ 熊通

特 点
➤ 敢想敢干、开疆扩土

结 局
➤ 第一位以"王"自称的诸侯

楚武王

公元前**740年**，**熊通即位**，通过南北征战，先后灭掉了数个诸侯国，不断扩大楚国的版图。

公元前706年，楚君熊通北进中原，**讨伐随国**。随国国君很惊恐，他问："我做错了什么？"熊通说："我是蛮夷。现在，中原各国不听号令，有的还互相残杀，我替天子维和。但我头衔不够显赫，不足以服众，你去**请周天子给我加封**。"

我要封王！

58

随君胆小，只好到京城去，请周天子给楚熊通加封，被周天子拒绝了。随君回来说明情况。熊通很恼火，他说：**"周天子不加封，我自己加封！"**公元前 704 年，熊通自封为楚武王，成为天下诸侯中第一个称王的。他与随国结盟后才退兵。

后来，周天子召见随君，责备他："你一个王室姬姓诸侯，竟然**立楚为王！"**楚王知道后，**误以为随国背叛了自己**，非常生气，又出兵讨伐随国。最后，楚武王死在军中，楚国才罢兵。**随国从此成了楚国的附属国。**

楚庄王
问鼎中原

本　名

➤ 熊侣

特　点

➤ 深藏不露，一鸣惊人、任用贤臣

结　局

➤ 成为春秋五霸之一

楚庄王是楚国第二十二代国君。他即位三年，整日贪图享乐，不理朝政，还警告臣民：进谏者，杀无赦！

大臣**伍举看不下去了**，前往进谏。此时，楚庄王正左手抱着郑姬，右手搂着越女，坐在桌旁。伍举就说："我是来给大王出谜语的。"楚庄王来了兴致，伍举接着说："谜语是：高坡上面有只鸟，**三年不飞也不叫**。这是什么鸟呢？"庄王说："不飞则已，一飞起来就直冲云天；不鸣则已，叫起来就震惊人间。你退下吧，我明白你的意思了。"

过了几个月，楚庄王更加无节制地享乐。**大夫苏从进谏。**楚庄王说："你没听到警告吗？"苏从态度坚决，说："横竖都是一死，老臣一定要劝您改正！"没想到的是，楚庄王真的不再享乐，开始听政理事，还**杀了一批奉承拍马屁的人，提拔了一批忠贞之臣，**重用伍举、苏从掌管国政，楚国国力走向巅峰。

公元前606年，楚国打败陆浑一带的戎族后，路过周都洛邑，向周王室示威。**周天子派王孙满慰劳楚庄王。**楚庄王向王孙满询问周鼎的大小和轻重，王孙满回答说："统治国家在于道德，不在宝鼎。"楚庄王不屑地说："**我们楚国长戟的钩尖就足以铸成九鼎！**"

王孙满心想：九鼎代表九州，是国家政权的象征，**他这是想称霸天下啊！** 于是就说："这九鼎是虞夏强盛之时，九州的长官进贡的，象征着九州天下。九鼎作为国宝传到夏朝末年，夏桀道德败坏，鼎便被迁到商朝。商朝末年，纣王残暴无道，鼎又被迁到周朝。如果天子道德高尚，鼎虽然很小，却重得移不动；如果天子道德败坏，鼎即使再重也会被搬走。如今周王室虽然衰微，但并未失德。**这样冒昧地问鼎的轻重确实不好吧？**"楚庄王听完就撤兵了。

　　回国后，楚庄王大修德政，让楚国变得强大且礼仪修明。楚国打败晋国后，楚庄王得以位列春秋五霸之一。

大禹九鼎

大禹建立夏朝的时候将天下划分为九州，并用九州进贡的青铜打造了九鼎，将九州的奇山异物都铸造在上面，放置在都城，象征掌管天下。随后在夏、商、周，这九鼎都作为传世之宝，但到秦始皇灭六国，统一天下时，九鼎已不知下落，成为千古之谜。

我们常说的"一言九鼎"中的"九鼎"指的就是这个九鼎，最初用来夸奖古代辩士能说会道，九州之地的归属足以因他们的一句话而改变，现在指说出的话作用重大。

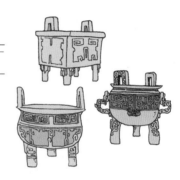

毛先生说话真是一言九鼎！

战国时，秦国曾围困赵国，平原君带毛遂前往楚国求援，听了毛遂一言后，楚王就同意发兵救赵。

在春秋战国时期，不仅是楚庄王，就连秦惠王、秦武王等诸多君王都打过九鼎的主意。

有了九鼎，大家就都听我的了！

秦武王嬴荡，天生力大无穷，喜武好战。秦武王喜欢和周围的勇士比力气，他从小就听说了九鼎的故事，一直想亲眼看看。

嬴荡继位后，带兵攻打宜阳，安置九鼎的地方离他不远，他便迫不及待地带着身边的大力士去参观九鼎。看到九鼎后，秦武王问了看守人一个出乎意料的问题。

（钧：质量单位，1钧合15千克。）

自认为力大无比的秦武王提议和力士比赛举鼎。结果，鼎砸在他的胸口。当晚，秦武王就不治身亡，结束了他不到四年的在位历史。

楚怀王
的忏悔

本 名
> 熊槐

特 点
> 贪婪轻信、目光短浅、骄傲自大

结 局
> 误信秦国，导致楚国由盛转衰

楚怀王是楚国的第三十七位君主。他执政时，齐、楚两国联盟。

楚怀王十六年（公元前 313 年），秦国想攻打齐国，又担心到时候楚国来帮齐国，让自己腹背受敌。于是，秦惠王假装免去张仪的相国职务，**让他去见楚王**，离间齐、楚两国的关系。

张仪来到楚国，对楚怀王说："秦王早就想和您结盟，但他看不起您的盟友齐王。我听秦王说，您要是和齐国断交，他愿**意归还当年占您的商於六百里土地**，以示友好。"楚怀王非常高兴，下书给齐王，与他断交了。

你说得是真的？

张仪

楚怀王**任张仪为相国，给他相国大印**，每天为他大摆酒宴，还扬言说："我又得到我的商於了"。群臣都向他祝贺，陈轸却不高兴，他对楚怀王说："和齐国断交后，**秦国赖账怎么办？**我看不如先拿到商於再说。"楚怀王不当回事儿，派了一位将军去秦国接受封地。

张仪回到秦国后，装作喝醉摔到车下，连着三个月称病不出门。楚将军回报给楚怀王后，楚怀王心想：**莫非张仪认为我与齐国绝交得还不够彻底？**就派勇士宋遗去齐国辱骂齐王。这让齐王很恼火，立刻与秦国结盟。

秦、齐两国联合完毕，张仪才出来，却对楚国将军说："我这有六里土地，你们赶快接收！"楚将军很懵，说："我收到的命令是六百里土地，没听说是六里。"当即把这事报告给怀王。楚怀王非常愤怒，于是与秦国绝交，发兵攻打秦国，结果失败了。

楚怀王并未吸取教训，**一再被秦所骗**，几次大败。后来又与秦国联盟，在和秦国签订盟约时，被秦国囚禁而死。楚国从此衰落，公元前223年底被秦国所灭。

司马迁有话说

还有一位楚灵王，他在会合诸侯，要索取周王室九鼎的时候，志向高远，把天下都看得很小；等到后来因为失去民心而饿死时，却被天下人耻笑。人们对权势，能不谨慎吗？

晋世家

晋国始祖唐叔虞是周成王的弟弟。周成王封唐国给他，后来他儿子晋侯燮改国号为晋。

晋国内部争斗不断，前有"骊姬之乱"，后有"六卿主政"，中间有晋文公重耳时期曾称霸中原。最后晋国被韩、赵、魏三家瓜分，结束七百多年的历史。

这篇传记详细讲述了晋文公重耳曲折的人生经历和晋国的灭亡。

重耳的漫漫逃亡路

本 名
> 姬重耳

特 点
> 忍辱负重、谦逊好学、礼贤下士

成 就
> 确立了晋国的春秋霸主地位

晋文公

春秋时期的晋献公有八个儿子，太子申生、重耳、夷吾都有贤能，品德高尚。等他得到骊姬，就疏远了这三个儿子。重耳四十三岁那年，因

骊姬陷害而被晋献公下令追杀。还好他翻墙逃走，刺客只割断了他的袖子。重耳逃到他母家——狄国。

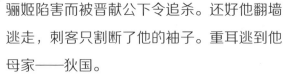

夷吾派人杀你！

十二年后，**重耳的弟弟夷吾即位**，也就是晋惠公。晋惠公担心重耳会威胁他的王位，**便派刺客刺杀重耳。**

重耳听说后，跟手下商量："当初我逃到这里，只是因为这里离晋国近，便于观察晋国的情况。如今我年过五十，再不抓紧建立大业就太晚了。听说齐桓公志在称霸，需求贤才，何不去那里？"于是一行人就出发了。

他们经过卫国五鹿时，已经饥肠辘辘了，**向当地的庄稼汉要饭吃**，庄稼汉却把泥土扔进碗里给他们。这简直太无礼了！重耳很生气。赵衰劝道："泥土就是土地，这预示着你将来会拥有土地，难道不该高兴吗？"

到了齐国，齐桓公热情地接待了他们，还**把宗室女齐姜嫁给重耳**。五年后，赵衰等人在桑树下商量离开齐国的事情，恰巧被侍女听到，她把内容告诉了齐姜。齐姜就劝重耳尽早回晋国。重耳却说："我现在过得平安快乐，决定不走了。"齐姜劝他说："您身边的贤士一直追随您，是盼您早日回国建立功业，可您却贪图享乐，辜负他们的期望，连我都为您感到羞耻。"于是他和**咎犯设计灌醉重耳，用车子载着他离开了齐国**。

走出很远后，重耳酒醒了，大怒，想杀了手下咎犯。咎犯说："如果杀了我能重振您的斗志，那就杀了我吧。"重耳说："**如果大事不成，我就吃了你的肉！**"咎犯笑着说："如果大事不成，我的肉又腥又臊，哪值得吃呢？"于是重耳便不再追究，继续赶路。

重耳又途径曹国、宋国、郑国，来到楚国，楚成王用招待诸侯的礼节招待了他。楚成王问："公子要是回晋国做了君主，将来怎么报答我？"重耳回答说："我答应您，如果有一天，两国一旦交兵，**我会先退让九十里**，如果还是不行，我再交兵。"

楚成王

我将退避三舍！

楚将子玉却觉得重耳出言不逊，将来一定是个忘恩负义的家伙，劝楚成王趁早把他杀了。楚成王说："**重耳素有贤名，随从都是国家的栋梁之材，**这样做不妥，何况他说的话又没有什么漏洞。"

秦穆公听说重耳住在楚国，派人来邀请他去秦国。到了秦国，秦穆公把五名宗室女嫁给重耳，又为他设宴。秦穆公说："当初我帮夷吾回国当政，没想到这家伙做了国君，反而与秦国作对。我知道你们急着想回国。现在夷吾死了，他儿子姬圉（yǔ）又与秦国不和，**我打算助你回国当政。**"

重耳便起身拜向秦穆公，说："我们想建立大业却**孤立无援，现在全仰仗您了**，就像庄稼盼望及时雨一样。"

公元前637年，秦国大军护送重耳回国，赶走了只当了一年国君的晋怀公姬圉（yǔ）。流亡在外十九年的重耳回到晋国，即位为君，就是晋文公，这时他已经六十二岁了。

73

知识驿站

寒食节和清明节

清明节是中国的传统节日，在这一天我们有祭祖、扫墓、踏青、插柳的习俗，这个重要的节日也与晋文公重耳的逃亡有关。

在逃亡中，重耳有一次连续数日没有进食，快要饿昏过去了。他的家臣介子推便出去寻找食物。

公子，我找到肉回来给您煮汤了。

这个汤太好喝了，是什么肉啊？

谁知这块肉竟然是介子推从自己腿上割下来的。

你对我这么好，以后我一定好好报答你！

后来，重耳成为晋文公，但是介子推认为忠于君主是很自然的行为，他没有要求赏赐，偷偷归隐山林了。晋文公后来才想起他的恩情。

但是介子推藏身山林之中，难以寻找，于是有人向晋文公提议放火烧山把介子推逼出来。

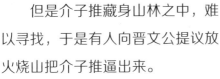

把介子推找回来！我竟然忘了他当年割肉的恩情了！

快！这边也点上！火越大，他出来得越快！

是我对不住你啊！我只是想逼你出来！

可是介子推并没有出现，三天后等大火熄灭才在一棵大柳树下发现了他和母亲的尸体。

后来晋文公就把介子推去世的这一天定为寒食节，在这一天不许人们使用明火，只能吃冷食，而寒食之后两天为清明节。据说，晋文公看到被烧死的大树上又长出了新的柳枝，认为是介子推转世，此后便有了清明插柳的习俗。

退避三舍

文公四年（公元前 633 年），楚国包围了宋国，**宋国向邻近的晋国求救。**

当年流亡时，楚国、宋国都对重耳有恩，这让他左右为难。此时，**狐偃出了个主意：** "楚国刚与曹国结盟，又与卫国通婚，如果我们攻打曹、卫，楚国一定会发兵来救，宋国的危机不就解除了吗？"

于是，**晋军势如破竹，先后攻下曹、卫，楚国出兵援救**，但没有成功。而后楚军又包围了宋国，晋文公进退两难。先轸说："咱们可以把曹、卫的土地分给宋国，**楚国急于救曹、卫，就会从宋国撤兵。**"晋文公照做后，楚成王果然撤兵了。

这让**楚将子玉很生气**，他对楚成王说："当年您对重耳那么好，现在他居然帮宋国来对付我们，这**分明是恩将仇报，咱们得给他点儿颜色瞧瞧！**"楚王说："晋君非等闲人物，他流亡十九年仍能回国振兴晋国，不可轻视，我们还是不要找麻烦为好。"

子玉不听，继续请求出兵，楚王给他少量兵力后，带其他人回国了。子玉派宛春和晋国说："只要你们恢复卫侯的爵位，并且离开曹国，我们就从宋国撤兵。"

孤偃认为子玉太无礼，竟想两个换一个！先轸说："我倒觉得这个方案能换来曹、卫、宋三国的和平，**不答应是不符合道义的**。不如私下里答应恢复曹、卫，要他们先跟楚国断交，然后扣留楚国使者，**诱其来战**，使咱们掌握战争主动。"

　　就这样，**晋文公囚禁了宛春**。曹、卫两国也宣布与楚国绝交，子玉知道后非常生气，发兵攻击晋军，然而晋军却撤退了。晋军询问原因，晋文公说："当初我流亡楚国时，曾向楚王承诺，**如果两国交战，晋国愿先退避九十里，现在正是为了履行诺言**。"晋军一直退到城濮才停下来。此时，宋、秦、齐三国援军已到，士兵们合力迎击楚军，楚军大败。

　　这次战役在历史上叫作城濮之战，是晋、楚争霸的一次决定性战役。从此，晋文公成了中原霸主，是春秋五霸之一。

三家分晋

春秋末年，晋国大权落入了韩氏、赵氏、魏氏、智氏、范氏、中行氏六家大夫手中，晋君形同虚设。

六家各有地盘和武装，互相攻打，最后只剩了智家、赵家、韩家、魏家。这四家中，智伯瑶最强大，他借口为使晋国重回霸主地位，让其他三家各出一万户城邑。韩氏和魏氏迫于智伯的权势，全都献出了。**只有赵氏说土地是祖上留下的产业，拒绝献出。**

献出土地!

智伯瑶**联合韩、魏两家一起围攻赵家的晋阳城**，围了一年多都没攻下，智伯就派人掘开晋水，水淹晋阳城。城中百姓不得不跑到房顶上避难，因而恨透了智伯，**宁可淹死也不投降**。晋阳城情况危险，臣子张孟谈对赵氏说："韩、魏两家受制于智伯，我可以悄悄去找他们说一说。"

我去说!

张孟谈对韩氏、魏氏说：“智伯瑶贪婪残暴，攻下晋阳，下一个目标就是你们。想想吧，你们两家的城池附近也有河……下次淹的……”韩氏和魏氏觉得张孟谈说得有道理，和赵氏灭了智伯，**平分了他的土地**。

公元前403年，周天子封赵家、韩家、魏家为诸侯。公元前376年，三家瓜分了晋国的土地，晋静公被贬为百姓，晋国灭亡。后来，韩、赵、魏都成了中原大国，加上秦、燕、齐、楚四个大国，并称为“战国七雄”。

司马迁有话说

晋文公是古人所说的贤明君主，逃亡在外十九年，生活极其艰难困苦，而等他即位后，对臣下论功行赏，还忘记了介子推的恩情，何况骄奢的君主呢？灵公被杀后，成公、景公对待臣下非常严厉；到厉公时，更加苛刻，大夫惧怕被杀，发生祸乱。悼公以后六卿专政。所以，国君管理他的臣民，不容易啊！

郑世家

　　周宣王封郑桓公姬友于郑，建立了最早的郑国。后来郑桓公把郑国搬到了虢 (guó)、郐 (kuài) 两国之间。郑国虽然面积小，但能人辈出，在郑庄公的治理下经济、军事都曾取得过令大国刮目相看的成绩，且称霸诸侯。

　　这篇传记借助郑庄公和郑国上卿子产的故事来展现郑国精彩的历史。

郑伯克段
于鄢

本 名

➤ 寤（wù）生

特 点

➤ 沉稳老练、老谋深算

成 就

➤ 将郑国推向霸主地位

郑庄公

　　郑武公是郑国的第二代国君，他的夫人叫武姜。武姜生下郑庄公和共叔段。郑庄公出生时脚先出来，武姜受到惊吓，因此给他取名叫"寤（wù）生"，并因此厌恶他，喜欢小儿子共叔段。

　　武姜趁郑武公生病的时候，劝他立共叔段为太子，郑武公没听她的。郑武公去世后，**郑庄公继位**，他把弟弟共叔段封在京邑，称太叔。大夫祭仲说："京邑比国都还大，不应该封给共叔段啊。"郑庄公说："母亲想这样，我怎么能反对呢？"

听母亲的话，没错啊！

祭仲

共叔段到了京邑，训练军队，扩充地盘，与母亲武姜合谋袭击郑都。郑庄公对此了如指掌，不动声色，静观其变。后来，共叔段果然袭郑篡权，让武姜做内应。于是郑庄公出兵，共叔段大败，逃到了共。郑庄公把母亲武姜逐到城颍，发誓说："**不到黄泉，不再相见。**"过了一年多，庄公后悔了。

有个叫颍考叔的官吏，给郑庄公进献东西。庄公赐给他食物。考叔说："我的母亲从未尝过君王的肉羹，我想带回去给她尝尝。"听了这话，郑庄公伤心起来："**我很想念母亲，但不愿背弃盟誓，怎么办呢？**"考叔就说："**挖条地道，直到见到泉水，就可以见面了啊。**"后来，郑庄公依照他的办法，见到了母亲。

知识驿站

西周的分封制度

为何在春秋有那么多的国家呢？这就要说起西周的分封制度。

周天子是西周的绝对领导人，因为天子被认为是上天派来管理天下的，所以他所掌握的领土就称为天下。

天子

诸侯

天子的地位只传给嫡长子，所以天子的兄弟们就只能分给封地，称为"诸侯"。天子的儿子、有功的大臣也有可能被封诸侯，他们有治理一方和保卫天子的责任，就如同篱笆一般，篱笆在古代也称为"藩"，所以诸侯又称为藩王。

同样，诸侯的爵位也只能传给一人，幸好诸侯也有继续向下分封的权力，所以这些受封的亲人、兄弟就被称为卿大夫。卿大夫掌管的领土就称为"家"，卿大夫作为一族的大家长也有不小的权力，但是要定期向诸侯上贡。

卿大夫

郑国贤相
子产

简公十二年（公元前554年），**子产出任郑国上卿。**子产知识渊博，以礼治政，仁义爱人，善于辞令。

简公二十二年（公元前544年），吴国使者**延陵季子**出使郑国，他见到子产就像是见到老朋友一样，对子产说："如今郑国当权者行为不端，郑国不久会有大祸，到时大权一定会落到您手里。您当权后，一定要以礼治国，否则郑国就会灭亡。"**子产隆重地招待了季子**，并按他说得去做。

> 我们要按照季子说的去做，以礼治国，刻不容缓！

果不其然，第二年，郑国**众公子争宠内斗，还想杀子产**。有的公子进谏说："万万不可！如今郑国还在，都是**因为有仁德治政的子产**。如果杀了他，郑国恐怕要灭亡了。"

子产除了忙于国内事务，也**常出使各国**。有一次，子产出使晋国，探望晋平公的疾病。晋平公问他："占卜的结果是实沈、台骀作祟，可我国史官不知道他们的由来，所以不知如何是好，您知道吗？"

子产回答说："实沈和台骀是星神和水神，负责解决水旱灾害，他们是不会危害您的身体的。您的疾病是**因为享乐过度所致，并非神明作祟**。"晋平公称赞他博学多识，给了他优厚的礼遇。

定公六年（公元前 524 年），郑国发生火灾，郑定公想通过祭祀来消灾。子产劝他说："**与其铺张浪费，不如通过修德来消灾。**"于是，君臣同心，勤修德政。

大洪水来了，怎么办？

施行德政即可！

子产为政二十六年，把郑国治理得上下和睦。他去世时，全国百姓都像失去亲人一样哭泣。就连孔子得知后，也为他哭泣：**"子产的仁爱，真是上古的遗风啊！"** 子产去世后，郑国迅速衰落，最终为韩所并。

司马迁有话说

用权势和利害使关系密切的人，当权势、利害终止后，关系就疏远了。甫瑕就是这样啊。郑厉公对他威逼利诱，让他帮忙杀掉郑子，等自己复位后，给甫瑕高官厚禄。甫瑕听信了郑厉公的话，帮他杀了郑子，扫除了复位的障碍。可令甫瑕没想到的是，郑厉公卸磨杀驴，安了个莫须有的罪名把甫瑕处死了。变故的发生，也有很多原因啊。

知识驿站

古代的赋税制度

《左传》中详细记载了子产当政后推行的田制改革，他让城市和乡村有所区别，田地边界有水沟，庐舍、耕地能互相适应，并征收新税，确保军费充足。虽然刚推行改革时受到激烈反对，但三年后效果显著，反而得到了赞颂。

其实，早在四千多年前，中国就出现了关于赋税的记录。尧舜时代，首领就要求各个部族的首领进贡财物。公元前 594 年，鲁国推行"初税亩"，规定无论是公田还是私田都需要缴纳一定的税。古代征税以实物为主，根据生产的产品征收粮食、布、草等。

对于无法正常上交赋税的百姓，还会让他们以为国家做劳力的方式来偿还。不过赋税这一制度并不单纯是君主为统治、压榨人民而制定的。它的重要意义在于集中国民的财力物力来为国家做贡献，如武装军队、修建长城是为了保家卫国；兴修水利，引水浇灌农田等。

韩、魏、赵三家分晋后，周天子封赵籍为诸侯，建立了赵国。赵国作为战国七雄之一，有二百年的历史。期间，赵武灵王的改革让赵国实力达到鼎盛。

这篇传记不仅讲述了赵武灵王这位明君的故事，还记录了赵氏祖先被灭门又得以平反的故事，展现了赵国的兴亡史。

赵世家

赵氏孤儿

赵氏和秦国有共同的祖先，到了蜚廉那一代，蜚廉有两个儿子，一个叫恶来，曾替商纣王做事，被周人所杀，恶来的后代是秦人的祖先；蜚廉的另一个儿子，也就是恶来的弟弟，叫季胜，他的后代是赵人的祖先。季胜的后人造父因为善于驾车，受到周穆王的赏识。周穆王把赵城赏赐给造父。西周末年，周幽王昏庸无道，赵氏首领带领族人投奔晋国。到了赵盾时，赵氏已掌控了晋国政权，显赫一时。

晋景公三年（公元前597年），**晋国司寇屠岸贾以当年赵盾弑君为名**，杀了忠烈名门赵氏全族。只有赵朔（赵盾之子）的妻子庄姬公主因为逃入宫中，而躲过一劫。

庄姬是当朝国君的姑姑，当时已有身孕。赵朔的朋友程婴说："赵夫人若生个男孩，我就把他抚养大；若是个女孩，那我再死也不迟。"没过多久，**庄姬生了个男孩，取名赵武。**

屠岸贾听说后，便带人到宫中搜查。赵夫人**把孩子藏到套裤里**，祷告说："赵氏宗族要是该灭绝，你就哭；要是不该灭绝，你就别出声。"等到搜索时，**孩子竟没有发出一点儿声音。**

躲过这次危机，程婴和公孙杵臼商量以后怎么办，公孙杵臼说："**死容易，育孤难**。赵君生前待你很好，你就勉为其难吧，**我就选个容易的，让我先死**。"于是二人找来一个别人家的婴儿，给他穿上华丽的衣服，让公孙杵臼背着藏到山中。

程婴出来，**骗诸将说**："谁能给我千金，我就告诉他赵氏孤儿藏在哪里。"诸将都很高兴，答应了他，派人跟着程婴抓了公孙杵臼。

公孙杵臼假意骂程婴："你这个卖主求荣的小人！"然后，他抱着孩子仰天大呼道："苍天啊！赵家的一个孩子有什么罪？求你们别杀他，要杀就杀我吧！"诸将不答应，**把公孙杵臼与小孩一起杀了。**其实赵氏真正的孤儿还活着，程婴忍辱负重，带着他隐居深山。十几年后，**韩厥把实情告诉了晋景公。**晋景公接回程婴和赵武后，灭掉了权臣屠岸贾一族。

程婴觉得使命已完成，再无牵挂了，便与赵武告别："**我的心愿已了，**要到地下去向赵朔和杵臼报告。如今我若不去复命，杵臼会以为我的任务没有完成。"他痛饮一番，觉得数十年含冤、丧君、丧友之痛积聚于胸，拔剑自刎了，**赵武为他服孝三年。**

我终于可以闭眼了！

晋景公把赵氏原有的领地还给了赵武。**赵武做了晋国正卿，**赵氏又兴盛起来。

胡服骑射

本　名
> 赵雍

特　点
> 思想开放、英明果敢、勇于改革

成　就
> 推行"胡服骑射"，为赵国开拓疆土

赵武灵王

　　赵武灵王是**战国时期赵国的第六代君主**。他执政时，赵国的地理位置靠近北方，因此经常受到胡人的侵扰。

　　赵武灵王发现，**将士穿着笨重的铠甲驾车作战，灵活性和攻击力都远逊于胡人**。他打算号令全国，着胡服，习骑射，加强军队的战斗力。但是**群臣都表示反对**，这让**赵武灵王压力很大**。这时，大臣肥义对他说："成大事者不拘小节。大王既然认为这样做对国家有利，何必怕大家讥笑？"这话让赵武灵王更加下定决心改革。

反对的人中，他的**叔叔公子成最为顽固**，赵武灵王决定先说服他，就派人给他传话："大王已经决定穿胡服上朝，希望您也这样做，以便带动其他大臣，这样才能实现一番功业。"公子成却说："我卧病在床，不能为大王多进言了，但请大王记住，我们中原各方面都被四方之人羡慕，如果反过来效仿胡人，实在有违古训啊！"

有违古训啊！

赵武灵王亲自登门拜访生病的叔叔，并对叔叔说："成叔啊，衣服是为了穿用方便，礼仪是为了行事方便。圣人根据实际情况来规定衣着和礼仪，目的在于利民富国。只有改变服装、练习骑射，才能**有效地防守我们与燕、三胡、秦、韩相邻的边界**。当年被中山国围城的耻辱，绝不能再重演啊！"

公子成赶紧叩头谢罪："老臣愚钝啊！没能体察大王的深意，真是罪过！明天我就**带头穿胡服上朝！**"第二天，公子成穿着胡服上朝，赵武灵王正式颁布了改穿胡服的命令。还有大臣劝阻，赵武灵王心意已决，于是下令**全国改穿胡服，招募能骑马射箭的士兵**。

改为**胡服骑射才短短几年，赵国军力突飞猛进**，不仅顺利地攻占**了中山国**，还收服了周边国家，赵国一跃成为北方强国。又过了几年，赵武灵王因常年在外征战，把王位传给了太子，自称"**主父**"。

秦昭王

赵武灵王**还扮作赵国使者**，亲自去探秦国的虚实。秦昭王刚开始没有觉察，后来觉得来人相貌非凡，不像一般的臣子。待派人追问时，主父已经飞马出了函谷关。经过仔细查问，才知道是主父。

赵武灵王推行胡服骑射，赵国的综合实力增强，使赵国成为"**战国七雄**"之一。

知识 驿 站
春秋战国的服饰

夏、商、周时期，中国的冠服体制逐渐完善，服饰也成为体现阶级制度的一种方式。那么在古代，什么样的衣服最流行呢？

上衣下裳是商周时期流行的一种衣着。

衣：一般为窄袖，紧口，领子有宽边，多为对襟（对襟，左右相对，衣扣在中间的设计），也有右衽（衣服右侧在前，从右披入左侧的设计。汉服为右衽，部分少数民族服饰和汉族的丧服为左衽）。

裳：长度到小腿的裙子。古人还会在腰间束带，在中间挂一条长方形的方巾。

到春秋战国时期，深衣式的袍服成为主流款式。它的特点是上衣下裳连为一体，没有男女之分，上窄下宽，中间束腰带。多采用右衽、宽袖的设计。

那时还没有裤子，所以人们就在小腿上缠绕裹腿。

没有裤子，冷飕飕的啊！

胡服泛指汉族以外的少数民族服装，特点为衣长齐膝，袖口紧窄，穿长裤和靴子，适合工作与骑马。在赵武灵王进行胡服骑射改革后，先在王公贵族中流行，后来也逐渐传入民间。

触龙说赵太后

公元前 265 年，**秦国攻打赵国，占了三座城**。赵孝成王年幼，太后执政，只得向齐国求救。

齐王要求赵国的长安君过来做人质，但**长安君是太后最爱的小儿子**，她当然不愿意。大臣强力劝谏，太后就明确地告诉他们："谁要再劝我，我就向他的脸上吐口水！"

这时，左师触龙说要见太后，太后一听，便**满脸怒气地等着他**。触龙进殿后，缓慢地小步走，到太后跟前坐下，很抱歉地说："我腿脚不好，所以很久没来看您了！"太后也说："我也是啊，每次出门都靠坐车了。"触龙接着问候："您现在**胃口还好吧？**"太后淡淡地说："靠喝粥罢了。"触龙也说："我有时也胃口不好，就强迫自己散步，一天走三四里路，胃口就好多了。"

太后说："我走不了那么远。"此时，太后的怒气缓和多了。触龙说："**我有个儿子，可以让他到宫里当个王宫卫士吗？**"太后点点头，说："那好办，他多大了？"触龙说："十五了，年纪还小，我希望在我入土之前把他托付给您。"

太后问："**你们男人也疼爱小儿子？**"触龙回答说："比女人还疼爱！"太后笑着说："还是女人更疼爱。"触龙便说："但是我觉得您**更疼爱女儿燕后，而不是长安君。**"太后摇了摇头："您错了，我还是更爱长安君。"

触龙说："您送您女儿去燕国的时候，抱着她哭个不停，舍不得她。在祭祀的时候却总是祷告说'**千万别让她回来**'，您这不就是为她做长远的考虑，希望她的子子孙孙都能继承王位，对吧？"太后说："是啊。"

触龙说："如今您给了长安君很高的爵位，又封给他很多肥沃的土地，还赏给他很多的宝物，日后一旦您不在了，他凭什么在赵国立足呢？老臣认为您替长安君想得不够长远，所以认为您疼爱他不如疼爱燕后。"太后有些慌，不知道该怎么办。触龙接着说："您派长安君去齐国为质，他就是**于国有恩，哪个还敢不服！**"

于是，赵国立即安排了上百辆车，送长安君到齐国当人质。齐国立即发兵解了赵国之围。

质子外交

将自己的亲人送到别的国家当人质,这种外交方式被称作"质子外交"。在中国乃至世界的历史上,这种外交手段都普遍存在。尤其在群雄割据的春秋战国时期,常常能看到"某世子从某国归"的记录,这位世子往往就是做人质去了。

秦始皇的父亲秦庄襄王就曾在赵国做质子,而想要刺杀秦始皇的燕国太子丹则在秦国做过质子。

我们都经历过不堪回首的过去呀!

秦庄襄王　　燕太子丹

原两国相安无事,保我衣食无忧!

质子的生活费用要向所在国领取,生活较为拮据,且自己的人身安全也受到两国局势的影响。

不过,对于担任质子的人来说这也是为国家做贡献的一次机会;同时,在别国也增长了见识,扩展了自己的人脉。

魏世家

魏氏的祖先毕万被晋献公封于魏地，魏氏的力量不断壮大。晋国灭亡后，魏斯被封为魏文侯，魏国成为战国七雄之一。

这篇传记记载了魏国的历史，通过重点介绍三位魏王来描写魏国的转变，魏文侯让魏国成为战国强国；魏惠王使魏国开始走向衰弱；安釐王让魏国走向灭亡。

魏文侯选相

本　名

➤ 魏斯

特　点

➤ 礼贤下士、爱民如子、唯才是举、宽厚仁慈

成　就

➤ 魏国开国君主，开启魏国百年霸业

韩、赵、魏三家分晋后，魏国首先强大起来，**魏文侯更是个非常贤明的君主。**

魏文侯曾向孔子的学生子夏学习，**对子夏的学生段干木也非常敬重**，每次经过段干木的乡里时，都要手扶车前的横木表达敬意。

秦国曾经想攻打魏国，有人劝谏秦王说："魏君礼贤下士，爱民如子，**魏国现在上下一心**，讨伐魏国必定无法取胜啊！"秦王便打消了这个念头。

好吧。

秦王

有一次，魏文侯对李克说："先生曾说，'**家贫思良妻，国乱思良相**'，您觉得魏成子和翟璜，选谁做丞相更合适呢？"李克推辞不敢替大王做决定。魏文侯说："先生就不要推辞了，但说无妨。"

李克便说："臣以为，要评价一个人，就要看他平时和什么人亲近，富有时结交什么人，显贵时推举什么人，窘困时不做哪些事，贫穷时不要哪些东西。**考察完这五点，您就可以确定谁是最适合的人了，**哪里还需要询问臣呢？"魏文侯听后很高兴："先生您回去吧，我已经确定人选了。"

李克来到翟璜家。**翟璜便问他国君最后确定的是谁**，李克说是魏成子。翟璜一听，脸色变了，生气地说："我哪一点比不上他？我推荐西门豹管理邺城，推荐乐羊灭了中山国，又举荐你去管理那里，我还给太子举荐了合适的老师。**你凭什么不推荐我当丞相呢？**"

李克说："您把我推荐给国君，难道就是为了结党营私、让自己升官吗？**魏成子把十分之九的俸禄都拿出来为国招贤**。他请来的卜子夏、田子方、段干木被国君尊为老师，而您推荐的人，只是做了国君的臣子。您说，您怎么能和魏成子比呢？"

我有这么差吗？

翟璜怅然若失，向李克道歉，说："**我是个浅薄的人**，刚才的话说得不对，我心甘情愿终身做您的学生。"

魏文侯任用贤才，使魏国上下一心，励精图治，成为战国初期的强国。

孟轲见梁惠王

本　名

➤ 魏罃

特　点

➤ 好大喜功；多谋少断、盲目自信、刚愎自用

成　就

➤ 导致魏国丧失霸主地位

魏惠王在位期间，打了一连串败仗，将祖先辛苦创下的基业葬送了。军事上的失败，让**魏惠王痛定思痛，他开始用厚礼招揽贤才。**

这时，**孟轲来到魏国**，魏惠王问他说："我魏国军队连续受挫，导致太子被俘，将军战死。国家元气大伤，都是我的过错啊！先生不远千里而来，一定可以给魏国带来利益吧？"

说，你有什么本事？

孟轲

孟轲说："大王，**不要总谈利益。**如果您只是追求利益，那么国中大臣们也就会追求利益！大臣们追求利益，百姓就会跟着追求利益。上上下下都追求利益，国家不就危险了吗？作为国君，**治理国家实行仁义就够了，**何必去追逐利益呢？"

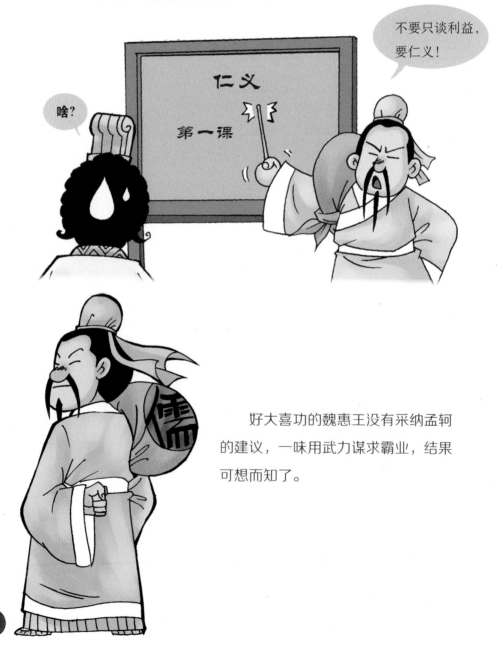

好大喜功的魏惠王没有采纳孟轲的建议，一味用武力谋求霸业，结果可想而知了。

唐雎
不辱使命

魏安釐王时，齐、楚两国联合起来攻魏。魏国派人向秦国求救，可是派出的使者一批接着一批，秦国救兵就是不到。

秦国救命啊！

魏国**有位叫唐雎的先生**已经九十多岁了，他主动请求**去说服秦国**。魏王向他表达了深深的感谢，为他安排车辆，让他出使秦国。

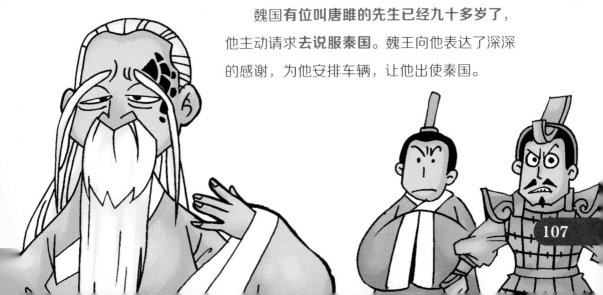

不要犯蠢呀！

他到了秦国。秦王说："老人家一路辛苦，魏国多次来求救，我知道你们现在情况比较紧急。"唐雎就说："知道魏国危急却不发兵，**给您出主意的大臣真是愚蠢啊**！现在齐、楚联军已经攻到魏国城下，而秦国迟迟不发救兵。这不是逼着魏国向齐、楚投降，共同对付你们秦国吗？等到那时，大王还去救谁呢？这是失去东边的一个盟友，而增强齐、楚两国的实力，这对大王您又有什么好处呢？"

秦昭王马上发兵救魏，使魏国得以解脱。

韩世家

　　三家分晋，韩氏也被周威烈王封侯，建立了韩国。只在韩昭侯时期，国民富足。韩国两边分别是强大的秦国和魏国，它最弱，所以是第一个被秦国灭亡的国家。司马迁以这篇传记记录了韩国的兴亡，文字很少，反倒是韩国所诞生的思想家的传记更加精彩。

陈轸
之计

年 代
> 战国时期齐国人

身 份
> 纵横家

特 点
> 智谋深远、辩才无碍

成 就
> 游说各国，影响战国局势

陈轸

韩国是**战国七雄中实力较弱的国家**，又地处兵家必争的中原地区，经常遭受强国的攻伐。

韩宣惠王时，韩国有一次**遭受秦国的攻打**，将领被俘，形势危急。韩王心急如焚，丞相公仲侈给韩王出了个主意："大王，秦国一直想攻打楚国，咱们**不如先送给秦国一座城池**，再派军队帮助他攻打楚国。这是用小利换取大利！"韩王很高兴，就让公仲侈去秦国讲和。

有主意了！

公仲侈

楚王听说此事后，坐立不安，召陈轸来商议。陈轸说："秦要伐楚，已经不是一两天的事了。这次加上韩国协助，对咱们非常不利，所以**一定得阻止他们的联合**。大王要假装扬言发兵救韩，把战车都排到路上。然后派使臣送厚礼安抚韩国，并且声称我们要救援它。韩王即使不信，也会对联合开始三心二意，如果相信的话，对秦国的态度就会变得不恭。**他们之间产生矛盾，楚国的危险就解除了**。"楚王便派人去办。

　　楚国的使者带着丰厚的礼物来到韩国，对韩王说："楚国愿意尽一切力量支持韩国，请你们放心地对抗秦国，楚国将士一定拼死与韩国一同作战！"韩王见此非常高兴，**立马取消了让公仲侈出使秦国的计划**。

公仲侈赶紧劝韩王："你不能改变计划啊！秦军已经兵临城下，**而楚国只是声言援韩而已**，这分明是楚国得知了内情而使出的计谋。况且您已经把讲和的打算通知了秦王，现在出尔反尔，一定会惹恼秦国，那样咱们就遭殃了。"韩王不听，还是与秦国绝交了。

果不其然，秦王大怒，立即增兵讨伐韩国，而此时楚国坐视不救。最终，**韩国大败**，只好派太子仓到秦国当人质，重新向秦国求和。

韩襄王时，楚国攻打韩国，韩国派使者去秦国求救。但是秦国并未出兵，只是**派公孙昧前来韩国**。公仲侈问他："依您看，秦国会援助韩国吗？"公孙昧回答说："别想了，秦王只不过是口头表示一下而已，实际上，不管哪一方取胜，秦国都可坐收渔翁之利。"公仲侈听后，不知道该怎么办。公孙昧就说："**韩国与其坐等秦国援助，不如向齐国、楚国示好，或许还有救。**"韩国按他说的方法做，楚国果然撤兵了。

战国末期，**韩国已经相当弱小了**，只能讨好强国，直到公元前230年被秦所灭。

司马迁有话说

韩厥当年帮了赵氏孤儿，虽然没有立下赵、魏两家那样的大功，但也积下了做十几代诸侯的阴德，能够建立韩国也是应当的呀！

陈涉世家

　　陈涉即陈胜，起初为一雇农，苦于暴秦苛政，在前往戍边的途中，与吴广一起举兵起义，开启了反秦的斗争。之后，天下群雄纷纷响应，他们都是陈胜等人反秦精神的继承者，所以在《史记》当中，即使陈胜是雇农出身，他的这篇传记依然被列为"世家"，这是司马迁对陈胜、吴广等人的肯定。

燕雀安知鸿鹄之志

年 代	**出 身**
➤ 秦末	➤ 雇农

陈胜

特 点

➤ 胸有大志，敢做敢当

成 就

➤ 组织领导大泽乡起义，建立张楚政权

年 代	**出 身**
➤ 秦末	➤ 贫民

吴广

特 点

➤ 善用谋略，领导能力卓绝

成 就

➤ 组织领导大泽乡起义，辅佐陈胜建立张楚政权

陈胜是阳城人，字涉。吴广是阳夏人，字叔。他们都是秦末时人。 陈胜年轻时家里很穷，给人做雇工。有一次干活累了，他在田埂上休息，愤愤不平地说：“以后如果谁富贵了，可别忘了伙伴们啊！”别的雇工都笑话他：“你一个给人家干活的，哪里来的富贵啊？”陈涉长叹一声，望着天空，说道：“唉，燕子、麻雀怎能了解大雁、天鹅的志向呢？”

秦二世元年七月，陈胜、吴广等九百人**被征去渔阳守边**，陈胜、吴广被任命为小头领带队。队伍来到大泽乡时，恰逢大雨，道路不通，他们计算了一下日程，知道肯定不能按时赶到渔阳了。当时按照秦法，**误期可是要被判死刑的。**

误期了，怎么办？

陈胜和吴广私下里商量说："**去了是死，逃跑被抓也是死**，那为什么不干一番大事业呢？天下受秦压迫很久了！"他们想要造反，但是没名气没背景，没人会听他们的。陈胜想了想，说："公子扶苏的贤明在老百姓中很有影响，**楚国将领项燕也很受楚地百姓的爱戴**。现在，好多人应该还不知道他们已经死了的事情，咱们就以他们的名义来号召天下百姓，一定会有很多人响应的！"吴广觉得有理。

起义！抗秦！

利用天意！

他们就**找人占卜**，占卜的人了解他们的意图，说："大事能成！但是最好先问问鬼神！"两个人一听，占卜的人这是要**让他们利用鬼神在众人中树立威望**啊！于是他们利用当时人们的迷信心理，安排了一连串不寻常的事件。百姓，一定会有很多人响应！吴广觉得有理。

戍卒买的鱼肚子里出现一块丝帕，上面写着"陈胜王"。这其实是他们提前塞进去的。戍卒驻地附近有座草木丛生的神庙，半夜里，那边火光闪烁，狐狸大叫："**大楚兴，陈胜王！**"这其实是吴广偷偷到那里学狐狸嗥叫的。第二天早晨，戍卒中有人交头接耳，议论纷纷，都不约而同地看着陈胜。

这一天，尉官喝醉了，**吴广带着几个人，故意去惹怒他**，当着他的面扬言："各位，要我看，大雨误了行程，去了也是送死，不如趁早逃跑！"尉官大怒，拿刀要杀吴广，结果**被吴广杀了**。紧接着，陈胜和吴广把大家召集起来，说："兄弟们，咱们遇雨失期，去了也要被处死，即使不被处死，派去守边，也很难活下来。**大丈夫即使是死，也要扬名后世。**那些王侯将相，难道都是天生的贵种吗？"大家都愿意听他们的。

之后，大家筑坛盟誓，**以扶苏、项燕的名义宣布起义**，称大楚。陈胜自称将军，吴广称都尉，首先攻克了大泽乡。

在陈胜、吴广起义的影响下，全国各地爆发了反秦风暴，最终推翻了秦王朝的统治。

苟富贵 必相忘

陈胜称王后，派出义军征讨各地。他**命吴广为假王**，率主力西进，攻取荥阳。结果吴广打了很久，也没能攻下。

陈胜从县里找来一个能人——周文，此人自称熟悉兵法。**周文边走边召集兵马，一路过关斩将，一直打到距咸阳百余里的地方**。这令秦二世很害怕，他令章邯赦免骊山的囚徒，把他们全部调集起来，攻打起义军。章邯不负众望，打败了起义军，最终导致**周文兵败自杀**。

周文

起义军的几次战败，使得人心涣散，队伍中**出现了内讧**。几个将领一合计："周文部队大败，我们一时又拿不下荥阳，等章邯打过来，我们就是腹背受敌，肯定死翘翘。"于是，**田臧就假冒陈王的命令杀掉了吴广**。这时，田臧手里掌握着义军的主力，陈胜迫不得已，封他为上将，让他继续抗秦。结果，不仅田臧被杀，他手下的起义军也将死兵败。

陈王让你死！

田臧

听说陈胜称王后，**从前和他一起做雇农的伙计**，特意到陈县来找他。这个人到了陈郡，扣着宫门喊："**我要见陈涉！**"守门的值勤官要把他绑起来。这人费了许多口舌，说明自己真是陈涉的老朋友，值勤官才饶了他，但不给他向里面通报。

陈涉是我兄弟！

直到陈胜外出，这个人拦路直呼其名，才被召见，带他一起回宫。因为是陈胜的故友，他出入宫殿越来越随便，还把陈胜的陈年旧事，翻出来**到处跟人谈论**。因此，有人劝陈王说："大王啊，您的客人愚昧无知，专门胡说八道。这样下去，您还如何服众？"**陈胜便把"妄言"的伙伴杀了。**

自此，陈胜的**故交纷纷离去**，没人敢亲近他。连他派往各地的将领也怀有异心，争相称王，起义军内部开始分裂。等到章邯解了荥阳之围，全力进攻陈县，陈胜即使亲自披挂上阵督战，也没能挽回败局。

最终，**陈胜被叛变的车夫杀死。**陈胜虽死，但他点燃的反秦烈火已成燎原之势。

萧相国世家

萧相国即萧何，西汉开国功臣，"汉初三杰"（张良、韩信、萧何）之一，他就像刘邦的贵人，多次救刘邦于危难之中，跟随刘邦一同起义。刘邦在前面冲杀，他坐镇后方，保证物资供给，在楚汉争霸时任丞相。这篇传记记述了萧何从为官结识刘邦起，到成为汉朝相国，直至终老的故事。

从小吏 到丞相

年　代
▶ 秦末汉初

出　身
▶ 官吏之家

特　点
▶ 精通法律，治国能力突出

成　就
▶ 辅佐刘邦建立汉王朝，制定《九章律》

萧
何

萧相国萧何，**沛县丰邑**（今属江苏）人，他**精通法律**，无人能比。

刘邦还是平民时，作为沛县小吏的萧何便没少帮他。刘邦当了亭长后，萧何依然如此。刘邦被调到咸阳服役，官员们大多送上三百钱，唯独萧何给了五百钱！**萧何政绩突出，考核时名列第一**。于是，下来检查工作的秦朝御史就想把他调到朝廷工作，但被萧何谢绝了。等到刘邦起兵做了沛公，萧何常常作为他的助手，帮他督办公务。

沛公助理

刘邦攻入咸阳后，将领们争先恐后地去争抢财宝，只有**萧何跑去收集秦朝的法律诏令，以及各种图书文献**。后来，刘邦做了汉王，萧何做了丞相。刘邦之所以对天下了如指掌，正是因为有了这些文献资料。萧何还向刘邦**推荐了韩信，让他当大将军**。刘邦带兵东出作战，萧何便在后方做很多工作，想尽办法把粮食供应到前线。

公元前 204 年，刘邦和项羽在京邑、索亭之间对峙，难分胜负。这时候，刘邦却多次派人回去慰劳萧何。鲍先生对萧何说："汉王在前线风餐露宿，却多次派使者来慰劳您，您不觉得奇怪吗？这是对您不放心啊！您赶紧**派子孙兄弟中能打仗的去前线**，与汉王并肩作战。这样，汉王必定更加信任您。"于是萧何照办，刘邦果然很高兴。

不错，不错！

论功行赏

刘邦打败项羽，平定天下后，开始论功行赏。由于群臣争功，过了一年多，刘邦也没把功劳的大小定下来。刘邦认为萧何的功劳最大，便**封他为酂侯**，给的领地也最多。

功臣们都不服，说："我们冒着生命危险冲锋陷阵，萧何只在后方舞文弄墨而已，凭什么给他的封赏在我们之上？"

不公平！

刘邦问："你们懂得怎么打猎吗？"功臣们回答知道。刘邦说："打猎时，追咬猎物的是猎狗，而指挥猎狗去寻觅野兽的是猎人。你们只是捕捉到野兽的猎狗，而**萧何却是猎人啊**。再说，你们只是自己追随我，而萧何让他的几十个亲属都跟着我打仗，这一点你们能比吗？"功臣们便没人再敢说什么了。

列侯都受到了封赏，等到排位次时，大臣们说**曹参应该排第一**，但刘邦心里想让萧何排第一。**关内侯鄂千秋看出了刘邦的心思**，他上前一步说："各位此言差矣！曹参攻城略地，不过是一时的功劳。我

们与楚军对抗五年，每次遇到危难时，都是萧何从关中为我们调运兵力和粮草，这才能够坚持下来。萧何为我们提供了强大的后勤保障，这种功劳即使一百个曹参也比不上啊！**我看应该萧何排第一，曹参第二。**"

于是，萧何成为大汉开国第一侯，被特许佩剑穿鞋上朝。

功高震主

几年后，刘邦亲征平叛，期间多次派人回长安慰问萧何。

回去看看萧何在干什么！

是！

萧何还是一如既往地支持刘邦，**捐出全部家当给军队充当军费。** 有一个门客劝说萧何不要这样做："大人，您治理有方，又一直深得百姓拥戴，皇上之所以多次派人来，其实是担心您在百姓中的影响力对皇上不利。**您不如强行低价购买百姓的土地，降低在百姓中的声望，这样皇上才会放心。**"萧何立马照办了。

刘邦平叛回朝时，很多**百姓拦路要告萧何的状**。回到京城后，萧何来拜见刘邦。刘邦说："萧相国，这是老百姓告你强买田地的状子，你去和百姓道歉吧！"说着把路上收到的那些状子都给萧何看。

终于抓到萧何的错处了！

萧何借机替百姓们讲情："陛下，长安一带本来耕地就比较少，您的**上林苑里荒地无数，不如交给百姓去耕种吧**。"刘邦一听非常生气："好哇，你自己贪财买进那么多田地，却想让他们占用朕的上林苑，一定是接受了商人的贿赂！"于是派人把萧何拿下，打入大牢。

几天以后，有一个**姓王的卫尉当班**，他问刘邦："相国犯了什么罪，您要把他关起来呢？"刘邦说："他收受商人贿赂，想占用朕的上林苑，借此收买人心，所以朕才严厉惩罚他。"

萧何犯了什么错？

王卫尉就说："**为百姓请求土地是萧相国分内的职责，怎么会是因为受贿呢**？他把家产都捐出来了，还会在意那几个小钱吗？您出征平叛时，相国留守朝中，如果他想谋反，您现在还能坐在这里吗？"

刘邦听了之后**心里有愧**，当天就放了萧何。上了年纪的萧何，光着脚来谢恩。刘邦说："快快请起，都是朕的错，让相国受委屈了。把你囚禁起来，是想让百姓知道这是朕的过错啊！"

是朕错了！

萧何为人谦逊，重视大局，为汉朝的建立和稳固立下了**汗马功劳**，因此美名传世，得以善终。

司马迁有话说

相国萧何在秦朝时仅是个平凡的文职小吏。汉室兴盛时，萧何谨守自己的职责，根据民众痛恨秦朝苛法这一情况，顺应历史潮流，把律法除旧布新。韩信、黥布等都被诛灭，而萧何的功勋更显得灿烂。他的地位为群臣之冠，声望延及后世，能够跟闳（hóng）天、散宜生（西周的开国功臣）等人争辉了。

知识驿站

古代的皇家动植物园——上林苑

古代帝王为自己修建用来游玩的庭院并不少见，汉高祖刘邦也如此。但是，汉初百废待兴，刘邦也不敢过于奢侈，所以就在旧时秦朝留下的皇家园林基础上，翻修了上林苑。

想要有自己的游乐场，还要省钱可真不容易。

不过，毕竟是秦始皇留下的产业，秦朝的上林苑在史书中就记载为"其边际所抵，难以详究矣"。著名的阿房宫本就修建在此处，里面还养了各种飞禽走兽，供帝王们打猎、娱乐。

这下可够我玩一辈子的了！

到了汉武帝时期，对上林苑进行了大规模的扩建，跨五县，里面有供各种娱乐的宫、观几十座，还有堆建的假山，以及八条河流。

留侯氏家

留侯即张良，足智多谋，富有正义感和责任感。青年时，他积极投身复国运动，后来辅佐刘邦成就霸业，建立汉朝，成为"汉初三杰"之一，被封为留侯。之后，他功成身退，避免了韩信、彭越等那样"鸟尽弓藏"的下场。这一篇就是关于张良的传记。

初露锋芒

年 代
> 秦末汉初

出 身
> 贵族

特 点
> 运筹帷幄，决胜千里

成 就
> 辅佐刘邦建立汉朝

张良

留侯**张良**，**字子房**，祖上是韩国人。张良的祖父张开地辅佐过韩国三代君主，父亲张平辅佐过韩国二代君主。直到韩国灭亡时，**张良家非常富有**，仅奴仆就有三百多人。

年轻的张良，弟弟死后没有厚葬，而是**用全部家财求刺客刺秦王**，发誓要为韩国报仇。他找到一个不怕死的大力士，打造了一个一百二十斤重的铁锤。当秦始皇东巡经过博浪沙时，张良和大力士就袭击了秦始皇的车队，结果**误中了巡游车队的副车**。秦始皇大怒，在全国大肆搜索，捉拿刺客。张良只好隐姓埋名，躲藏起来。

有一天，张良在桥上闲逛时**偶遇一位老人**，老人来到张良跟前把鞋子甩到桥下。转头对张良说："小子，去把鞋给我捡上来。"张良猛吃一惊，真想揍他一顿。但一看他这么大年纪了，就强压着怒火，下去把鞋捡了上来。

谁知老人把脚一伸说："给我穿上！"张良心想，既然已经给他捡上来了，那就给他穿吧，**于是就跪下身去给老人穿好了鞋**。老人这才满意地笑着走了。刚走出去一里来地，又返回来了，对张良说："孺子可教，五天后的黎明，咱们还是在这里见！"张良越发觉得奇怪了。

到了第五天，天才蒙蒙亮，张良如期按时赴约，结果老人早就站在那里了。老人生气地对张良说："跟长者约会，反而迟到！"说完转身就走，并说："五天后早点来。"

到了第五天，鸡刚叫，张良就来了，结果老人早已经在那里了。老人更生气地说："怎么又来晚了？"说完掉头便走，并说："五天后，记着要早点来。"

到了第五天，**张良半夜就来了**，这次终于比老人早到了。老人高兴地说："这样就对了！"于是拿出一编竹简交给张良，说："读完它，你就可以做帝王的军师了。"说完就走了，此后再也无人见过他。

天明时，张良才发现，老人送他的是**《太公兵法》**。此后，张良经常学习、诵读它。

靠这三个人就可以了！

楚汉战争时期，刘邦与项羽交战，常常败北。

有一天，刘邦跟手下商量："我打算把一大片土地封给别人，以便联合力量一起对付项羽，**封给谁比较合适呢**？"张良上前一步说："**九江王黥布是猛将**，又与项王有隔阂；**彭越**在梁地联合了齐王反叛项王；您的将领中，只有**韩信可以托付大事**。如果封赏这三个人，就可以打败项羽了。"多年后看，刘邦打败项羽，就是靠着三个人的力量，这都是后话了。

后来，**刘邦被项羽围困在荥阳**，十分忧愁，就与郦食其商议削弱楚国势力的方法。郦食其认为可以分封六国旧贵族的后代，达到让天下人来朝拜的目的。刘邦便让郦食其去准备。当时，刘邦正在吃饭，正好张良来了，他便得意地说："有人帮我想了一个削弱项羽势力的好主意。"接着，他就把郦食其的主意对张良说了一遍。

这个主意怎么样？

张良听后，说："这是谁出的主意？真这么做，就坏了您的大事了！"刘邦问为什么，张良便把刘邦的筷子借来，边摆边说："商汤和武王能够分封前朝的后代，是因为有**将夏桀和商纣置于死地的能力**，现在您能消灭项羽吗？武王伐纣后，开仓放粮赈济穷人，兵器倒置，马放南山，从此**偃武修文**，现在您能做这些事情吗？"刘邦连连摇头，表示不能。

你说得对！

差点犯傻！

　　张良接着说："再者，六国获封之后，为了自保，只会倒向更加强大的项羽，又怎会向您称臣呢？"刘邦一听，气得一口吐出了嘴里的食物，骂道："这个书呆子！差点坏了我的大事！"马下令赶紧把那些印章毁掉。

　　张良体弱多病，不曾领兵作战，一直跟在刘邦身边出谋划策。

留侯 张良

汉朝建立后进行了论功行赏。

刘邦认为张良运筹帷幄之中，决胜千里之外，可以在齐地自己选择三万户作封邑。张良连忙推辞："臣没有丝毫战功，实在不敢受这么大的封赏。如果您一定要赏，那**臣只要一个留县就够了**。"于是，张良与萧何等人一起受封，被封为留侯。

张良有功！

刘邦已经封赏了大功臣二十多人，而其余**大臣日夜争功**，没有及时得到封赏。这天，刘邦在洛阳南宫，在桥上望见一群将领坐在沙土地上议论纷纷。

刘邦问张良："这些人在议论什么？"张良回答说："您还不知道吗？他们正在商量着造反呢。"刘邦很惊讶地说："**天下才刚刚安定，他们为什么又要造反呢？**"

张良说："当初陛下以平民身份起事，正是靠这些人获得了天下。现在您当了皇上，封赏的都是萧何、曹参这些与您亲近的人，诛杀的都是您仇恨的人。现在军官们统计功劳，觉得**整个天下恐怕都不够分**，又怕因为过失被诛杀，所以就聚在一起图谋造反了。"

刘邦一听，很担忧："那该怎么办呢？"张良说："陛下平时最憎恨谁？最好是人尽皆知的人。"刘邦说："当然是**雍齿！他多次背叛我，让我受辱**，只是因为他功劳大，我才没忍心杀他。"张良就说："那请您赶快封赏雍齿。其他人看到您连雍齿都封赏了，就会安下心来，不再想着谋反了。"于是，刘邦摆酒设宴，**封雍齿为什方侯**，并加紧论功行赏。将士们这才安心。

张良一生为汉高祖刘邦打天下、安天下出谋划策无数，是当之无愧的奇才。到了晚年，他主动退隐，直到去世。

图书在版编目（CIP）数据

轻松读史记 . 诸侯世家 /（西汉）司马迁著 ; 洋洋
兔编绘 . -- 北京 : 北京理工大学出版社 , 2024.8
（启航吧知识号）.
ISBN 978-7-5763-4347-2

Ⅰ . K204.2-49

中国国家版本馆 CIP 数据核字第 2024XQ3604 号

责任编辑：户金爽　　文案编辑：户金爽
责任校对：刘亚男　　责任印制：王美丽

出版发行 / 北京理工大学出版社有限责任公司
社　　　址 / 北京市丰台区四合庄路 6 号
邮　　　编 / 100070
电　　　话 /（010）82563891（童书售后服务热线）
网　　　址 / http://www.bitpress.com.cn
经　　　销 / 全国各地新华书店

印　　　刷 / 雅迪云印（天津）科技有限公司
开　　　本 / 710mm×1000mm　1/16
印　　　张 / 8.75
字　　　数 / 200 千字
版　　　次 / 2024 年 8 月第 1 版　2024 年 8 月第 1 次印刷
定　　　价 / 36.00 元